共通番号の危険な使われ方

マイナンバー制度の隠された本質を暴く

白石 孝・石村耕治・水永誠二 編著

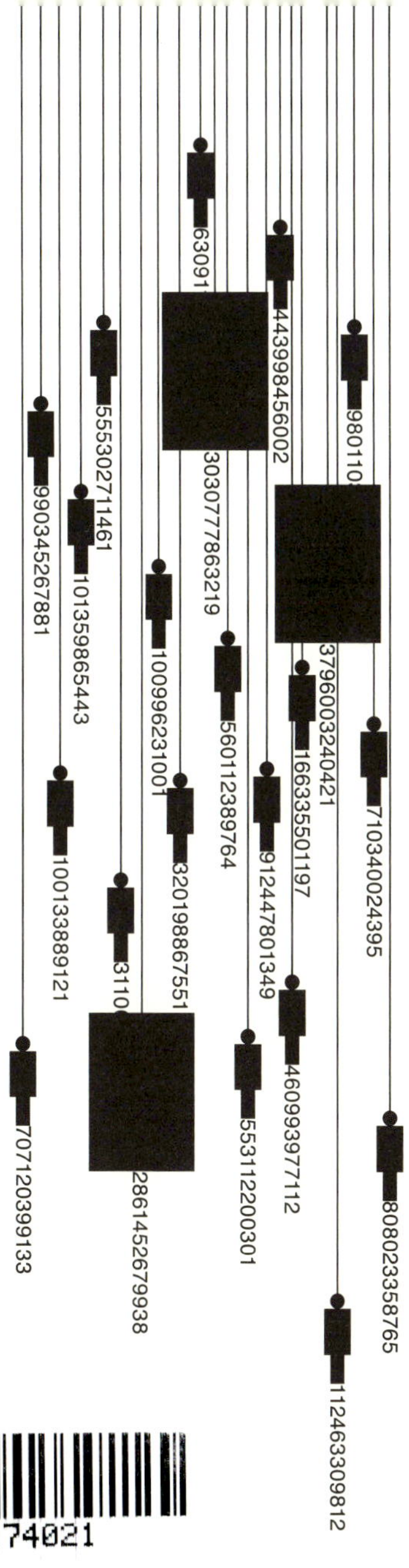

現代人文社

◎はじめに

スタートする危険な巨大個人情報ネットワーク

1968年、行政管理庁（現総務省）が「事務処理用各省庁統一個人コード」計画を打ち出してから50年近く、いよいよ官民共通番号制度への扉を大きく開く番号制度がスタートする。

2013年5月に成立した法律案を最初に提出したのは民主党政権だ。官僚に操られ、労組幹部から後押しされた民主党及び政権は、2011年3月の東日本大震災を挟んで検討を進め、同年6月に「社会保障・税番号大綱」を発表、法律案を作成した。その際の理由は、社会保障制度充実のためには所得の公平・公正な把握が必要であり、そのための番号制度というものだった。民主党なりの明確な政策目標はあった。

だが、政権を奪い返した安倍政権は民主党の社会保障・税政策を踏襲していないにもかかわらず法案を継承、一部修正したうえで再上程した。共通番号制度そのものは、総務省や旧大蔵省など官僚が50年かけ執念を持って実現をめざしたものだが、安倍政権は、国民管理・監視のツールとして使用する姿勢を押し出し、さらには「世界最高水準のIT社会実現」という成長戦略に位置づけつつ、民間利用拡大を図るという方向性を明らかにしている。

法案の国会審議段階では利用分野限定を強調していたが、導入されれば制度は自己増殖していく。私たちがこの番号制度に危険性を感じているのは、戦争出来る国作りに活用されることや官民分野をまたぐ巨大な個人情報ネットワークが構築され、自らの知らないところで、管理、悪用されるように拡大されることだ。

２０１５年10月、新たな12桁の個人番号と13桁の法人番号が国家によって付けられるが、それは終わりでなく、新たな個人と国家への脅威の始まりを意味する。だから私たちは番号を強制的に付けられたことだけであきらめない。官民分野共通番号へと進化、拡張させないための、ありとあらゆる取組みを模索し、光を見出し、具体化させていく。

本書は、２０１５年10月へ向けた、そしてそこから始まる全国的な取組みのための指針を示した構成となっている。私たちが指摘する官民分野共通番号の問題点とは何か、安倍政権と財界がめざす共通番号制度への拡張の方向は何か、特定秘密保護法施行をふまえ管理・監視強化に共通番号制度はどのように位置づけられるのか、住基ネット訴訟をふまえ共通番号制度の違憲性はどうか、などを各分野のメンバーが共同で執筆した。

２０１２年11月刊の『共通番号制度のカラクリ——マイナンバーで公平・公正な社会になるのか？』（現代人文社）は、民主党政権法案を元に共通番号制度批判を原則的に著し、さらには諸外国の番号制度を詳述しているので、前著と併せ本書をお読みいただくこともお薦めしたい。

編集代表　白石　孝

【増刷にあたっての追記】

10月5日が施行日であるにも関わらず、4月に預貯金口座に個人番号を紐付けるなど、民間利用に大きく道を開く番号法改定案が国会に提出された。同時提出の個人情報保護法改定も第三者委員会設置以外は、保護よりは成長戦略による活用が目立つ。

民間分野利活用のかじ取りは、番号所管の内閣官房ではなく、首相を本部長とする「高度情報通信ネットワーク社会推進戦略本部」と自民党だ。2020年を「ターゲットイヤー」とし、「マイナンバー制度利活用」方針では、「ワンカード化」として健康保険証、運転免許証、パスポートをはじめ、民間企業社員証、クレジットカード、ポイントカードまですべて一体化する方向を打ち出した。安倍首相自らも閣議でその実行を指示するところまできた。

ところが6月1日、日本年金機構の年金データ流出事件が発覚。私たちからすれば想定内の事態であり、民間分野に広く共通番号（マイナンバー）が出回れば、さらに流出のリスクは高まることは必至だ。私たちは改めて改定法案廃案、番号通知や利用の延期、制度そのものの全面的見直しを求める。

（2015年6月10日記　白石）

共通番号の危険な使われ方
マイナンバー制度の隠された本質を暴く

目次

第2部 共通番号はいらない

◎共通番号（マイナンバー）制度関連年表

1968年　自民党·佐藤内閣「各省庁統一個人コード連絡研究会議」を設置し、国民総背番号制度の導入を目指したが、国民の反対で頓挫。
1980年　「少額貯蓄等利用者カード（グリーン・カード）」導入の法案が成立したが、金融機関等からの強い反対にあって実施が見送られ（1983年）、廃止となる（1985年）。
1998年3月　住基ネットを導入する住民基本台帳法改正案上程。
1999年8月　住民基本台帳法改正案成立。
2001年1月　自民党政権「高度情報通信ネットワーク社会推進本部（IT戦略本部）」設置。
2002年8月　住基ネット第１次稼働（住民への住民票コード通知開始）。
2003年6月　住基ネット第２次稼働（住民基本台帳カード〔住基カード〕の発行が開始）。
2009年8月　民主党、衆議院選で大勝。民主党マニフェストに番号制度導入明記。
2009年12月　平成22年度税制大綱（閣議決定）で、番号制度導入明記。
2010年2月　「社会保障・税に関わる番号制度に関する検討会」設置。
2010年5月　『新たな情報通信技術戦略』（IT戦略本部）に「国民ID（個人識別）制度」が明記。
2010年10月　政府·与党社会保障改革検討本部設置（2011年12月、政府·与党社会保障改革本部に改称）。
2011年1月　「社会保障・税番号に関わる番号制度についての基本方針——主権者たる国民の視点に立った番号制度の構築」を決定。「番号制度創設推進本部」（本部長・菅首相）設置。
2011年5月　東京を皮切りに、全国47都道府県で番号制度に関するシンポジウム開催。
2011年6月　政府・与党社会保障改革検討会議『社会保障・税番号大綱』を決定。
2012年2月　「社会保障・税一体改革大綱」閣議決定。
2012年3月　民主党・菅内閣が共通番号法案を国会に上程。
2012年11月　同法案、衆議院解散にともない廃案。
2012年12月　衆議院選で自民党勝利。
2013年3月　第２次安倍内閣が、共通番号法案を上程。
5月　共通番号法が成立・公布。
2014年9月　施行細則を決める共通番号法別表など公布。

●予定
2015年10月　番号の通知（通知カード送付）。
2016年1月　個人番号の利用、個人カードの交付（任意）の開始。
2017年1月　情報連携やマイ・ポータルの利用開始。
7月　地方自治体等との連携開始。

第1部
そこが知りたい共通番号《マイナンバー》制度

白石 孝　反住基ネット連絡会

このQ＆Aでは、第2部で詳細に記述している課題に関して、分かりやすく解説することで基礎的なご理解をいただいたり、ご質問に答えることを目的にします。

Q 1 共通番号（マイナンバー）制度の仕組みはどうなっているのでしょうか。

A

政府の説明では、共通番号（マイナンバー）制度は、公平・公正な社会を実現することを目的として、住民登録しているすべての人に、唯一無二の固有番号を国が強制的に付け、行政サービスに利用しようとにするものとされています。当面は、税と社会保障、災害に関する公的業務に限定して使用するとしていますが、利用する個々の業務にも個人番号、場合によっては法人番号を記載させ、その番号で照合・突合《とつごう》し、業務（個人情報）連携に使用します。番号は、個人番号と法人番号の２つとなります。個人番号は市区町村が付けて住民に通知しますが、国の仕事と決められ、具体的には市区町村から住民票コードを通知された地方公共団体情報システム機構が12桁の番号を選んで市区町村に通知、さらに本人には通知カードによって通知します。

しかし、住基ネット違憲訴訟における最高裁判決（２００８年３月６日）で、膨大な個人情報を集積するデータベースの構築や見える番号そのものを突合や照合に利用することは違憲と判断されているため、それを回避するため、目に見えない符号というものを番号とは別に付け、中間的に介在させ、情報連携しようという複雑な仕組みとなっています。

ほとんど議論が深まることもなく通った共通番号法案。審議する衆院内閣委員会（2013年4月29日。写真提供：毎日新聞）

膨大な個人情報を集積する共通番号制度は、住民の管理・監視の手段として機能する危険性があります。

また法人番号も今回の制度の特徴です。番号は国税庁が付けますが、法人だけでなく任意団体をも対象とし、税に関する団体の管理に使うことになります（詳しくは第2部第7章をお読みください）。

さらに、個人番号カードの発行も大きな特徴です。このカードがどのくらい普及し、どのように利用されていくのかが、制度の成否を左右することになります。政府は、住民にほとんど普及しなかった住基カードの二の舞いにならないよう、その普及ために躍起となっています。

Q2 住基ネットと共通番号制度の違いはどこにあるのでしょうか。

A ２００２年からスタートした住民基本台帳ネットワークシステム（住基ネット）は、住民票に11桁のコード（番号とはあえて呼んでいない）を市区町村長が付け、地方自治体と国の業務に使うという制度です。

共通番号（マイナンバー）制度との違いを列挙します。

①当然ですが、まったく違う番号が付けられること、住基ネットは11桁と個人番号は12桁ですから、住基ネットを廃止して共通番号に替えるわけではなく、２０１５年10月以降は、２つの番号が併存することになります。

②番号が目に見えるか見えないかということ。住民票コードは原則として「見えない、見せない」番号で、住基カードにも記載せず、住民票の写しの交付時もよほどの理由がないと記載されません。一方の個人番号は「見える、見せる」番号で、個人番号カードにも記載されます。

③番号を付ける仕事の位置づけが違います。住民票コードは市区町村長の仕事で「自治体の固有事務＝自治事務」です。個人番号は国の仕事を市区町村長が代行する「法定受託事務」としました。これにより、住基ネットでは地方自治体が切断や離脱するという事態が起こりましたが、今回は不可能になります。

住民基本台帳ネットワーク反対を訴えるデモ行進をする市民ら（2002年7月20日。写真提供：時事通信）

④カードも違います。住基カードは、顔写真入りと無しの2種類からの選択ですが、個人番号カードはすべて顔写真入りです。また、住基カードはお年寄りなどが本人確認用として使用する程度（一部自治体では印鑑や、図書館カードにも利用）でした。個人番号カードは、税や社会保障制度の申請時などに提示義務を伴うことになります。

ただ、住民票コードから個人番号を生成することや住基ネットの個人情報が個人番号による連携に反映されるなど、住基ネットの上に共通番号制度が乗るという密接不可分な関係になることも知っておいてください。

Q3 共通番号で利用できる事務にはどんなものがあるのでしょうか。

A

個人番号の付いた個人情報は「特定個人情報」と呼ばれます。そして、特定個人情報の利用に関しては、番号法および政令によって定められた公的分野の業務にしか利用できないと、政府に言わせれば「厳格に運用」するとしています。その事務は、税、社会保障、災害に関する事務です。面倒くさく表現すると、「番号法9条別表1に規定された事務」になります。

さらに、法律改正あるいは都道府県や市区町村が条例で定めれば、利用事務を拡大することができます。番号法を所管している内閣官房社会保障改革担当室や総務省は、地方自治体に対して、利用拡大（上乗せ、横だし）しなさいと、相当強く働きかけています。

以上が政府の公式見解で、「このように厳格に運用するから安心・安全」と言っています。しかし、大きな懸念が2つあります。ひとつは、番号法や政令（施行令）で例外を規定していることで、犯罪捜査や公益のために必要な事務に利用・提供する場合、特定個人情報保護の制度が関与できないようになっています。要するに、どんな個人情報が提供され、集められ、利用されているかそのものが分からなくなるのです。

もうひとつが、今後利用分野がどの程度拡大されるのかです。2015年10月の付番を待たず、安倍首相が本部長を務める「IT総合戦略本部」が、戸籍、旅券、預貯金、医療・介護・健康情報管理・連携、自動車登録事務への拡大を打ち出し、政府税調も預貯金口座への付番に言及しています。

また、医療保険証に独自の見えない符号を付け、それを個人番号カードに組み込むという動きが出ています。それが実現すると、保険証と個人番号カードが一体化され、カードは一気に普及することになりますので、政府はそれを狙っているのでしょう。

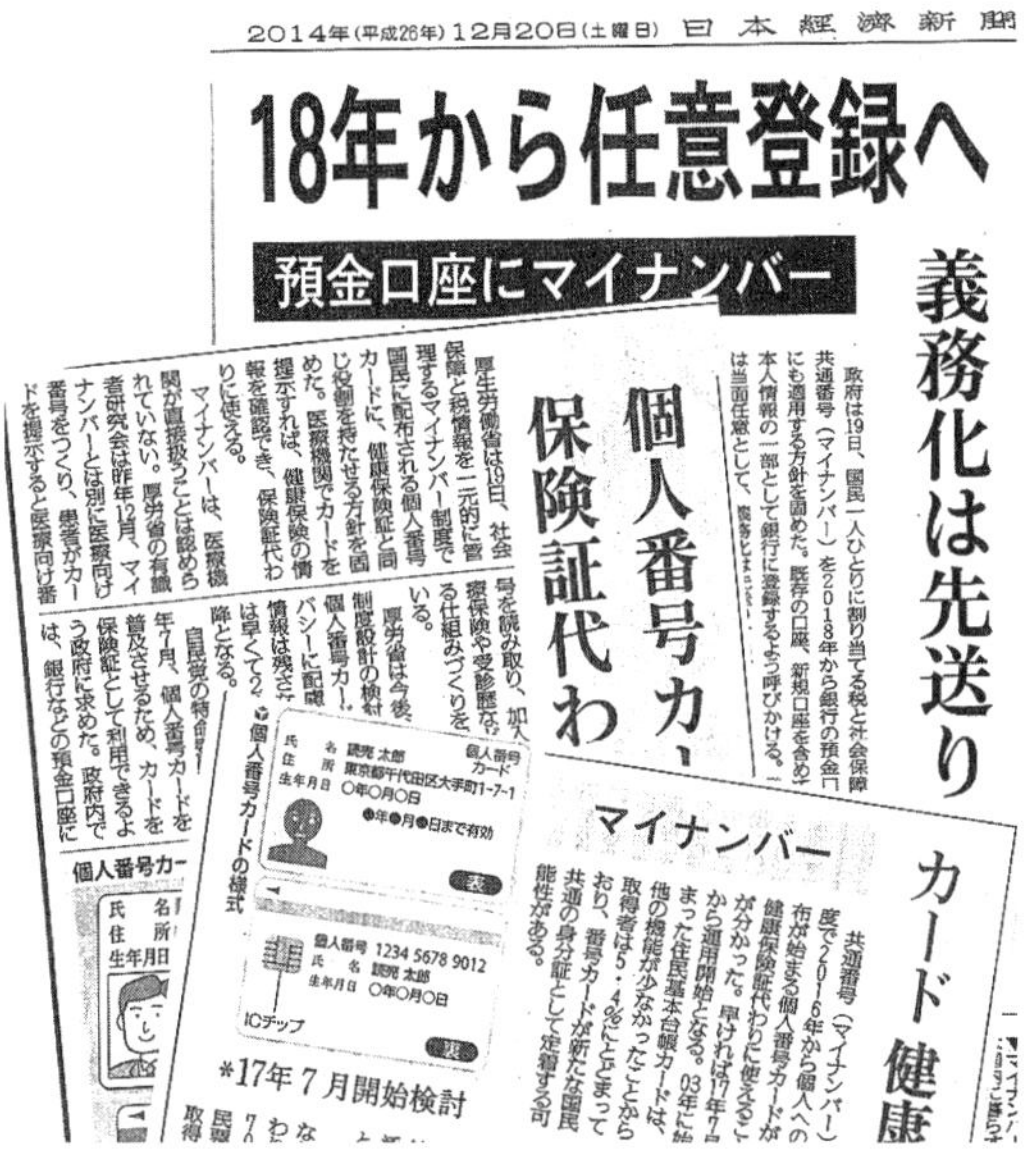

個人番号カードを預金口座への適用や健康保険証として利用しようとする動きを報じる新聞記事

Q4 共通番号制度の運用までの流れを教えてください。

A

制定までの動きは第2部以降で詳しく解説していますから（『共通番号制度のカラクリ』〔現代人文社、2012年〕も参照）、まずはそれ以降のポイントを説明します。

・2015年10月――個人番号と法人番号が付けられ、対象の個人と団体とに通知されます。なお、個人番号は通知カードに記載され、個人宛でなく住民登録世帯ごとに送られます。また、実際は7月頃にはすでに住民票コードのある人には一斉付番し、10月に備えるようです。

・2016年1月――番号と個人番号カードの利用、交付が始まります。これ以降、さまざまな場面、例えば就職する場合をはじめ、会社の経理に税控除関係の書類を出す、介護、障害、子ども関係の福祉や年金などの手続の場合に番号の記載が求められ、本人確認のために、個人番号カードなどの提示が求められるようになります。個人番号カードは強制ではありませんから、私たちとしては、通知カードでも本人確認ができますので、個人番号カードは持たないことを呼びかけていきます。

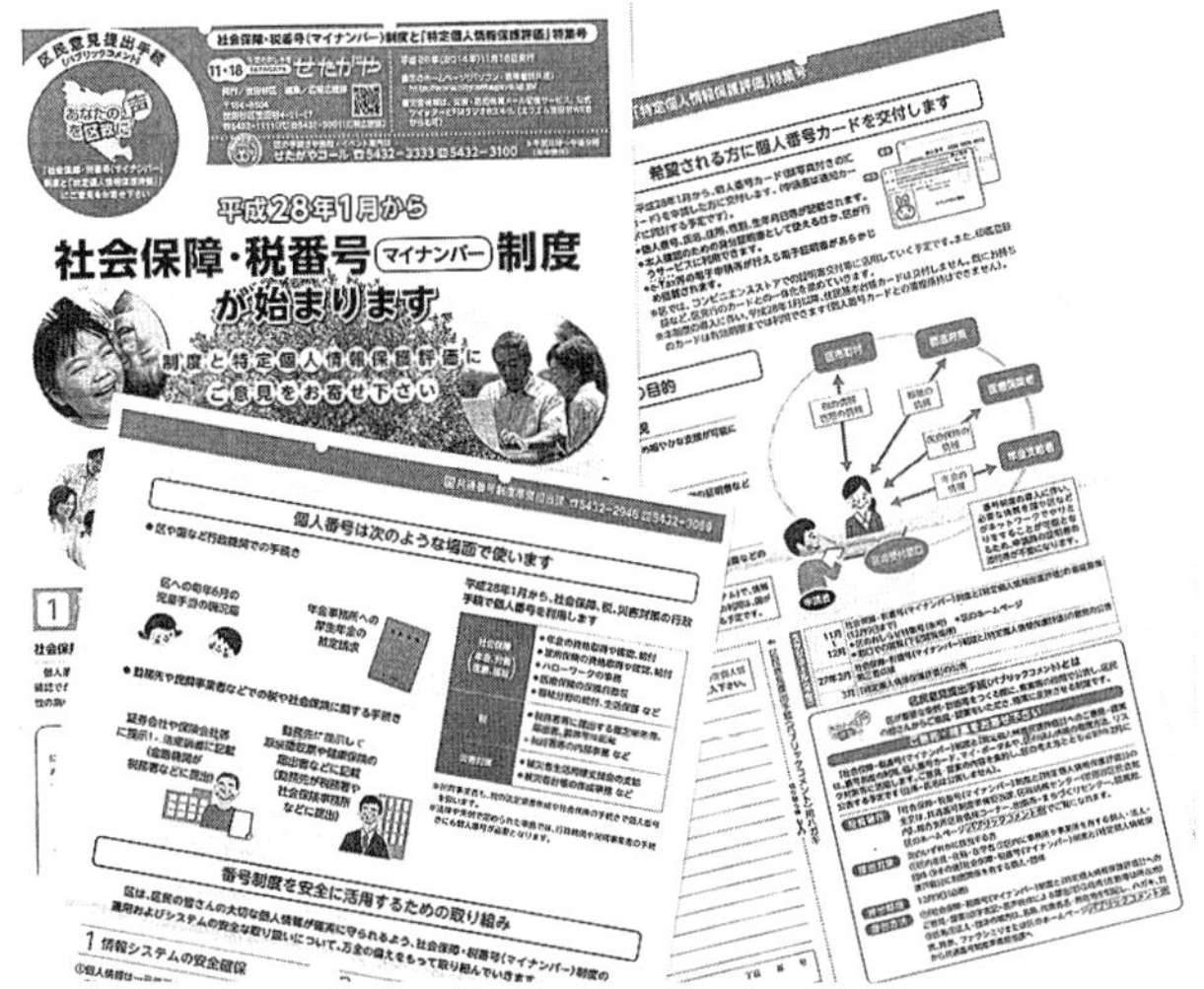

制度と特定個人情報保護評価に関するパブリックコメントを求める地方自治体の広報（2014年11月。世田谷区）

・2017年1月――国の機関間の連携が始まります。情報提供などのマイ・ポータルも運用を始めるとなっています。ただ、膨大なシステムを整備するので、果たして計画通り進むのかは、今後の推移次第です。

・2017年7月――地方自治体等との連携が始まり、とりあえず当初の社会保障・税番号システムが完成することになりますが、そう順調に進むのかはまだ分かりません。

さらに、何度も触れていますが、利用拡大を積極的に進めようとしていますので、この時期にならないと、どういう制度として運用されているのかも分かりません。

Q5　個人番号カードが自治体から送られてきたら、どうしたらよいでしょうか。

A

個人番号カードは、あなたが申請しないのに、突然、勝手に送られてくることはありません。最初に送られてくるのは「通知カード」です。通知カードは紙製で、氏名、住所、個人番号などが記載されています。同時に、個人番号カードの申請書が同封されてきます。この申請書に所定様式の顔写真を添えて自分から申請しない限り、個人番号カードは届きません（通知カードと個人番号カードのイメージは本書178頁参照）。

では、通知カードと個人番号カードはどう違うのでしょうか。通知カードはその名の通り、個人番号を通知する目的です。ただし、通知カードと運転免許証やパスポートなどをセットで使えば、番号の告知と本人確認はできますので、個人番号カードがなくてもそれほど不便ではありません。

個人番号カードは、ＩＣ機能があり、顔写真もありますから、それ１枚で番号告知と本人確認ができます。

しかし、これも何度か説明していますが、個人番号カードが大半の人びとに普及していくと、いずれは常に携帯せざるを得なくなる可能性が高まります。特に２０２０年東京オリンピックへ向け、シリアでの人質殺害などから安全・安心のオリンピックというキャンペーンが大々的に繰り広げられ、そのための本人確認に個人番号カードが使われるようになるでしょう。

「通知カード」を受けとったあとどうするのか——写真は住基カードの説明を受ける男性（2012年2月1日。写真提供：時事通信）。

ということで、通知カードのままでいることが、ベターな選択と言えます。個人番号カードの普及に、政府や自治体はやっきになり、交付手数料の無料化とか付加価値を高め、少しでも増やそうとしています。番号カードの普及率の動向が、今後の共通番号制度にとっても極めて大きいので、私たちとしても、「番号カードはなくても困らない、政府や自治体の口車に乗らないようにしよう」というキャンペーンを進めていきます。

Q 6

高額所得者や資産家に税金をたくさん払ってもらうために番号制度は必要ではないですか。

A

いわゆる納税者番号制度について、そのメリットは、金融所得の捕捉、年末調整の縮小による申告納税の実質化、納税の透明性確保、新しい税制の導入、徴税業務の効率化が、デメリットは、事業所得・株式譲渡益把握の限界、導入コスト、プライバシー侵害の危険性があるという論文があります（岩田陽子「納税者番号制度の導入と金融所得課税」国会図書館『調査と情報』475号（2005年3月））。

「番号制度で高額所得者や資産家から税金を取れるからあってもいいじゃないか」と考えている方も多いと思います。しかし、すべての取引や所得を把握し、不正申告をなくすことは現実問題として不可能です。たとえ共通番号制度を導入したとしても事業所得や資産の海外へのシフトまでをすべて把握することはできません。

共通番号（マイナンバー）制度での「正確な所得の把握」とは次のとおりです。

給与や報酬支払いに関して事業者が源泉徴収票に個人番号と法人番号を記載、金融機関などが支払い調書に番号を記載、税務署が前記２つの調書や確定申告書を個人番号で名寄せ・突合する、そして扶養関係の家族情報を個人番号で突合する、というものです。

第２部でも触れていますが、親が地方に住み、子どもが都会の大学に進学し、アルバイトをしている場合、収入が扶養限度額を超えることもあります。その際バイト代から所得税の源泉徴収はされますが、親元での扶養控除がそのままにされていることがあり、こういった過誤あるいは不正な控除が是正されるというケースを政府は挙げています。

ですから、より徹底して所得が把握されるのは、これまでと同様、私たちのような普通の給与生活者などで、高額所得者や資産家の所得や保有財産はそのままということです。

共通番号で正確な所得把握はできるのか——写真はインターネットでの確定申告を体験する遠藤。（2014年2月４日。写真提供：時事通信）

Q 7

民主党政権では、消費税の逆進性対策に番号制度は不可欠という理由でしたが、自公政権は消費税に軽減税率導入で合意しています。それなら番号制度は利用されないのでしょうか。

A

民主党の社会保障・税一体改革の骨子は、正確な所得の把握を番号制度で行い、社会保障については「真に手をさしのべるべき人」ということで、平均以下の年収や低収入あるいは無収入の人を、給付付税額控除制度を基本に救済しようというものでした。

消費税はご承知のように、一律課税だと低所得者に過度な負担を強いる逆進性がありますので、その対策として給付付税額控除を充てるという構想です。一方、自公両党は逆進性対策の基本原則を軽減税率導入や一律給付で行うという考え方です。

欧米諸国では消費税（付加価値税）はアイスランドの25・5%を最高にスウェーデン、ノルウェーなど北欧が軒並み20%超、英独仏伊なども15～20%となっています。それほどの高率なので、何らかの軽減税率を実施している国も多数となっており、10%あるいはそれ以上をめざす自公両党としては、軽減税率導入が必須となっています。

だとしたら、消費税の逆進性対策のために、個人所得の正確な把握をしなくても実施できるのではないかという論が成り立ちます。ただ、これまで実施した定額給付金や福祉給付金などの定額給付の場合、年収数千万数億円の高額所得者には支給しないとか、低収入の人だけに給付するためには番号制度を活用する、という考えも示されています。

しかし、年収は少額だけど、預貯金、資産が高額という人を、今の制度では把握できないわけですから、番号制度が特効薬にはなり得ません。どちらにしても、民主党政権と自公政権とでは、番号制度をどう利用するかの基本政策が大きく異なっている、にも関わらず番号制度だけ導入したというのは納得がいきません。

自公政権は消費税の逆進性対策をあげるが、番号制度とどう結びつくのか。写真は、消費税増税を翌日に控え、値札の交換作業に追われるコンビニエンスストアの店長（2014年3月31日。写真提供：時事通信）

Q7　民主党政権では、消費税の逆進性対策に番号制度は不可欠という理由でしたが、自公政権は消費税に軽減税率導入で合意しています。それなら番号制は利用されないのでしょうか。

Q8 自分にはやましいことはないし、隠すような財産はないので、番号がついても構わない。

A

このような意見がよく聞かれるのではないでしょうか。では、政府が実施した世論調査を見てみましょう。2011年11月に内閣府が実施した社会保障・税の番号制度に関する調査では、こういう設問への回答があります。

「Q5：社会保障と税の番号制度における個人情報に関することで、あなたが最も不安に思うことは何ですか。この中から1つだけお答えください」。

・国により個人情報が一元管理され、監視、監督されるおそれがある……13・0％
・個人情報が漏洩することによる、プライバシー侵害のおそれがある……40・5％
・「番号」や個人情報の不正利用により被害にあうおそれがある……32・2％
・その他……0・3％
・特にない……11・0％

・わからない……3・1％

また、「社会保障と税の番号制度について、あなたが期待することは何ですか」という設問には、

・社会保障と税に関する行政機関の手続きが簡単になる……44・8％

ベネッセ情報流出事件で、記者会見するベネッセホールディングスの原田会長兼社長（右奥）。（2014年7月17日。写真提供：時事通信）

・社会保障の不正受給や税の不正還付を防ぐことができるようになる……35・0％

・社会保障を必要としているにもかかわらず、制度を知らないために機会を逃している人への給付ができるようになる……32・9％

・ICカード1枚で、年金手帳や健康保険証など複数の機能をもたせることができるようになる……31・6％

この調査から分かることは、何らかのプライバシー侵害はあるだろう、だけど便利にもなるだろうという懸念と期待です。ベネッセの個人情報大量流出事件（2014年）や毎年増え続ける振り込め詐欺などが報道され、市民の個人情報に対する意識は変わりつつあるようです。

Q 9

すでに番号やカードはいっぱいあるし、自分も利用しているから、いいんじゃないですか。

A

財布の中にさまざまなカードがたくさん入っている方を多く見かけます。公的機関のカードは、健康保険証、運転免許証、パスポート、住基カードなどがあります。JRや私鉄のカードも普及しています。民間のカードでは、金融機関のATM用やクレジットカードが一般的です。それに加えて各種買い物カードに会員カードなどが、プレミア付きでどんどん普及しています。

ですから、カードを持つ、利用するのが当たり前の世の中になっています。それに個人番号カードが1枚加わるだけだから構わないのではと感じる方も多いと思います。Q8の回答にも「ICカード1枚で複数機能が」という回答が31%もあったように、カードへの抵抗感は薄れています。

しかし、それは個人番号カードの危険性が知られていないことを意味します。他のカードが複数機能を持つようになることは、まず考えられません。買い物カードがビッグデータに使用されることはあっても、個人の管理や監視に使われるのには無理があります（アリバイの裏付けには利用されるかもしれませんが）。

ところが、個人番号カードには「拡張性」が秘められているのです。制度当初から「本人確認」のために使用するとしていますから、「どこの誰か」国家として個人を特定する唯一のカードになります。したがって、このカードがベースとなり、他のすべてのカードに繋がっていくことになります。そこまですぐになるとは言いませんが、個人番号をパスポートや運転免許証番号にする、銀行口座の番号にするということはあっても、その逆はないわけですから。

情報連携のマスターキーになる個人番号カードをそうさせないために、交付申請はしないようにしましょう。

さまざまカードがあふれているが、共通番号カードはそれとは根本的に違う。

Q10 これほど大規模なシステムを作るのは、膨大な無駄遣いになるのではないでしょうか。

A

２０１４年の報道では「導入費用が２～３千億円、毎年の運営経費が数百万円」とされていますが、政府は経費の全貌を明らかにしていません。

制度導入の直接的な経費は、①個人番号付番等システム設計・開発および管理費用、②中間サーバーをはじめとする情報連携に関する新たなネットワーク構築、運営費用、③地方自治体のシステム改修費用、④情報連携に伴う情報照会・提供を求める団体のシステム改修費用、⑤個人番号カードや通知カードの作成、交付費用、⑥広報費用、⑦個人情報保護に関する費用、が考えられます。

２０１４年３月、制度の根幹である「情報提供ネットワークシステム」の設計・開発業者を一般競争入札で決定。ＮＴＴコミュニケーションズを代表にＮＴＴデータと富士通、ＮＥＣ、日立製作所が参加するコンソーシアム（共同事業体）が落札しました。消費税込みで１２３億１２００万円。入札に提案を提出したのは「５社で構成するコンソーシアムだけだった」とのことです。国内ＩＴベンダーのうち、政府の大規模システム開発を請け負えるだけの体力を持つ大手5社がそろって手を組むという異例の展開で、競争なく落札者が決定しました（日経コンピュータ２０１４年3月号）。この5社はさらに「番号生成システム」で、やはり単独の入札者となり、税込み68億９５８０万円で落札しています（『サンデー毎日』２０１５年2月8日号や日経ＢＰガバメントテクノロジー〔http://itpro.nikkeibp.co.jp/atcl/watcher/14/334361/01290173/?ST=govtech〕に詳しい経緯が載っています）。

このように実際かかる費用が少しずつ見えてきましたが、依然として全貌は公表されていません。また、直接経費だけでなく、税申告する多くの事業者も、新たな制度に対応した帳票類やシステムを改修しなければいけないという、社会的インフラコストがかかります。社会全体では多大な経費がかかることは間違いないでしょうが、この試算は行われていません。

どちらにしても、税金の投入と事業者の自己負担が相当な額になるでしょう。

私たちは「無駄遣いだから止めなさい」と主張しますが、一方では「これだけのコストをかけているのだから、それに見合った利用をすべき」という声が経営者団体や金融、保険業界などから上がっています。番号制度はあくなき自己増殖をする運命にありますが、それとともにコストもかさんでいくので、やはり、目的を明確にさせ、利用を限定化することが大切です。

第2部 共通番号はいらない

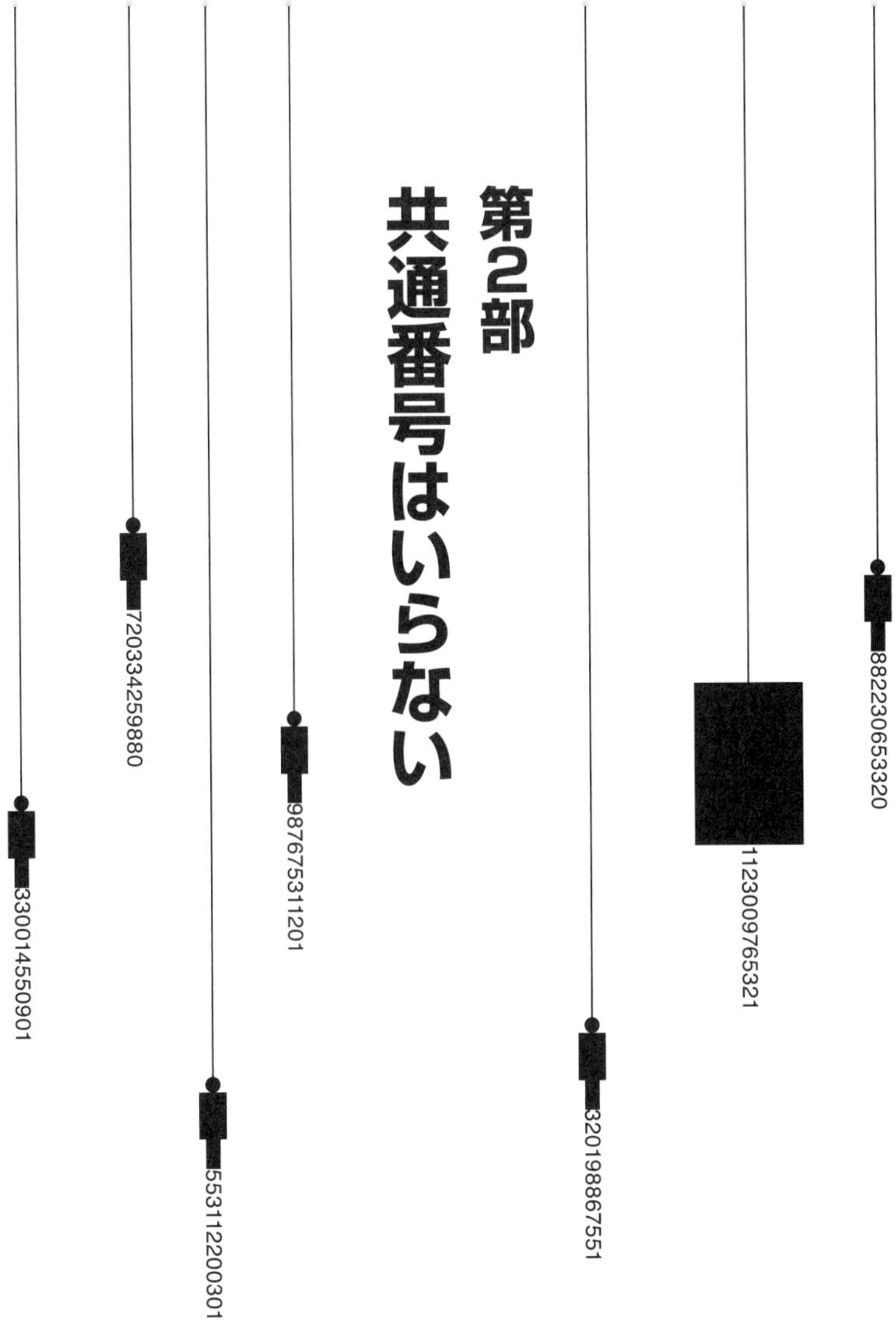

第1章

政府が目論む共通番号制度「利用拡大」への布石

官民共通番号化・番号カードの普及阻止のために

白石　孝
反住基ネット連絡会

「小さく産んで大きく育てる」は常套手段

２０１３年3月1日の閣議決定直後から間を置かずに衆議院で審議入り、5月24日には参議院本会議で可決、成立というように番号法案の国会審議は駆け足で行われ、5月31日には公布された。わずか3か月というスピード審議は、政府による一方的な推進論を覆すような野党からの反転攻勢も許さず、反対世論の盛り上げもさせないという力技、早業だった。１９６０年代から50年もの長きにわたり、大議論をくり返してきたいわゆる「国民総背番号制度」は、圧倒的な数の与党議員を抱える安倍自公政権によって、あっさりと導入された。

安倍政権の強い意志とともに、もうひとつの特徴は、番号制度を強く望んできた官僚（内閣官房、内閣府、総務省）が用意周到に下支えし、膨大な資料もすべて官僚が作成し、共通番号制度の悪弊を隠ぺい、バラ色の番号制度という世論操作を行ってきた。これも見逃せない。

導入理由には「公平・公正な社会実現」「行政の効率化」「国民の利便性の向上」が謳われているが、こういった毒にも薬にもならない文句に加え、「法律で定められた目的以外でマイナンバーを利用したり、他人に提供したりすることはできません」といった「大丈夫ですよ」キャンペーンを繰り広げ、国会審議を押し通した。だが、公布後あっという間に化けの皮がどんどん剥がれていく。ここにもまた後出し安倍流があった。

内閣官房の「マイナンバー社会保障・税番号制度」のサイトに「マイナちゃんがマイナンバーの基本的な質問にお答えします」というQ&Aコーナーがある。そこに「マイナンバーの導入により、平成29年1月から国の行政機関など（中略）で情報連携が始まり、社会保障や税、災害対策の手続で住民票の写しなどの添付が不要になります。ただし、（中略）マイナンバーが使われるのは、法律や条例で定められる（中略）分野に限られるため、それ以外の分野の行政手続では、引き続き住民票の写しなどの添付が必要となります。また、戸籍はマイナンバーの利用対象に入っていないため、番号の利用が始まった後も従来どおり提出していただく必要があります」(A1—6、2014年6月回答)と書かれている。

ところが、「高度情報通信ネットワーク社会推進戦略本部(IT総合戦略本部)」の「マイナンバー等分科会」では、2014年12月2日(第7回)に「中間とりまとめ」が発表され、「『世界最先端のIT利活用社会』のインフラとして、マイナンバー制度の普及と利活用を図るため、国・地方・民間が連携して取り組む事項」に、①個人番号カードの普及、②マイ・ポータル、マイガバメント~官民オンラインサービス提供、③個人番号、法人番号の利用と徹底、が盛り込まれた。

さらに「メリットが期待できる分野へのマイナンバー利用範囲の拡大」として、①戸籍事務、②旅券事務、③預貯金付番、④医療・介護・健康情報管理・連携、⑤自動車登録事務の5つが挙げられた。Q&Aの6月回答からわずか半年のことだ。

＊なお、2014年6月24日には「『日本再興戦略』改訂2014~未来への挑戦」「中短期工程表」を閣議決定、その4「世界最高水準のIT社会の実現」でも、前記5分野など「公共性の高い分野を中心」に検討を進め、「今年度中にマイナンバーの利用範囲拡大の方向性を明らかにする」としている。これも同じ6月、まさに確信犯だ。

同年12月19日、IT総合戦略本部に設置されている「パーソナルデータに関する検討会」(第13

回）で、「個人情報保護法改正（案）」および「次期通常国会で個人情報保護法等と一括改正を予定しているマイナンバー法改正（案）」が公表された。それを受け、日経新聞は同月20日朝刊で「預金口座にマイナンバー、18年から任意登録へ、義務化は先送り（政府方針）」と報道。

この預貯金付番は、国会審議が終わってから動きが活発になっていった。つまり国会審議を早く進めるためには手の内を隠したわけだ。政府資料には、法律公布から3か月後に「社会保障制度改革国民会議報告書」（2013年8月）で、「社会保障・税番号制度も活用し、資産を含め負担能力に応じて負担する仕組みとすべき」と書かれ、2014年4月の「政府税制調査会マイナンバー・税務執行DG（ディスカッショングループ）論点整理」で、「国民の多くが保有する預金が把握の対象から漏れている状態は改めるべきであり、預金口座へのマイナンバーの付番について早急に検討すべき」、「将来的に民間利用が可能となった場合には、金融機関の顧客管理等にも利用」とまで積極的に触れられている。

文部科学省は2014年7月、奨学金返済に「所得連動変換型」導入を決め、「マイナンバーを活用し、所得状況を把握」、2018年度以降に実施と発表した。（毎日新聞同年7月25日）

新たな共通番号の付番は2015年10月、使用開始は2016年1月からなのに、実施前からこういった利用拡大がどんどん画策されている。2014年下半期のこの一連の動きは、安倍内閣の秘密保護法施行、集団的自衛権の行使容認閣議決定という一連の「戦争が出来る国づくり」とも符合する。

なぜ利用拡大が問題なのか

現代社会では、ありとあらゆる場面で番号が使われている。住民票コード、社員番号、預金番号、基礎年金番号、医療保険番号、旅券番号、運転免許証番号、クレジットカード番号をはじめ、各種会員カードにも個々に番号が付けられ、データベースが作られ、管理に使われている。だから、社会経済活動をしている限り、番号なしでは暮らせない仕組みになっている。

カードを紛失あるいは盗難に遭った場合、被害があったとしても別々のカードや番号であれば該当だけの限定的な被害に留まる。ところが、官民の幅広い分野で同じ番号が使われるようになると、番号自体の付加価値が高まり、どこでも同じ番号を使い、番号に紐づいた多くの個人情報が集積されるので、流出した場合の被害は飛躍的に大きくなる。

米国や韓国でのなりすまし被害の深刻さが官民共通番号制度の恐ろしさを物語っている。この2か国だけでなく、スウェーデン、デンマーク、シンガポールなど共通番号制度を導入している国では民間利用が自由だ。日本がこれからこういう制度を導入するのは、わざわざ危険な社会を自ら作り出そうとしているとしか思えない。米国や韓国でも共通番号制度の危険性が指摘され、見直そうという動きが出ていることを考えると、「時代遅れ」なのは、むしろ日本なのだ（各国の番号制度については表〔本書31頁〕を参照）。

「海外の成りすましの事案は、番号のみでの本人確認や、番号に利用制限がなかったこと等が影響したと考えられるため、（中略）厳格な本人確認の義務付けや、利用範囲の法律での限定などの措置を講じています」（前出Q＆AのA５－３）と、日本だけは違う、安全性が極めて高いと力説しているが、番号が便利な道具となれば、事が一変するのは世の常だ。

番号カードについても大半の人が所有するようになると、ありとあらゆる場面で本人確認のために提示を求められ、実質的に「身分証明書」となり、常時携帯が義務化されかねない。特に２０２０年東京オリンピックは安全・安心をめざし、テロ対策の名目で出入国管理（Japan Visit）の強化、街頭や駅頭での三次元監視カメラの大規模な設置、そしてパスポートや番号カードによる職務質問などを強化・徹底するのではないだろうか。

番号推進派は、番号もカードも世界では常識とうそぶいているが、その多くは分野別番号制度であり、カードも番号が表記されないとか、ＩＣ仕様でなく紙やプラスティック製だ。

付番方式で全国民（さらには居住外国人）を網羅する住民登録制度をベースにしているのは、スウェーデン、ノルウェー、フィンランドにデンマーク、オランダ、そしてシンガポール、韓国などで、日本はこれに続くことになる。北欧については、高福祉高負担の前提となる課税・納税の公平性を担保するために個人情報は原則公開されているが、日本が北欧型社会制度に転換することはまず考えられないし、個人情報は厳密に保護するという前提からスタートしているので比較対象にもならない。となると、シンガポールや韓国の制度や運用に類似するとなれば、社会保障・税番号ではなく、兵役にも利用される国民・外国人管理型番号制度にならざるを得ない。

韓国でも１９６２年の住民登録制度導入時には官の中のそれも限られた分野での利用だったが、まずは官の利用範囲を広げ、そして民間へと拡張していった。オランダでは１９８６年に税務番号制度として導入され、88年には税務・社会保障番号に、そして２００７年から全行政分野で利用する「市民サービス番号」制度になった。米国も１９３６年に社会保障番号として導入されて以降、徐々に利用範囲が拡大されたわけで、番号制度はこういった拡張性が宿命づけられている。韓国や米国は50年かかっているが、オランダはわずか20年、日本は10年も経てばこれらの国に「仲間入り」するだろう。

主要各国の番号制度比較（簡易版）

制度の骨格	番号制度の大まかな呼称	国　名	主な特徴
官民共通番号制度	住民登録番号＝強制付番	韓国	大量流出、なりすまし被害が深刻化、制度への疑問の世論増加
		シンガポール	官民広範囲に使用
		マレーシア	官民広範囲に使用
		スウェーデン	官民広範囲に使用
		フィンランド	
		ノルウェー	
		デンマーク	
		アイスランド	
		エストニア	官民広範囲に使用
	社会保障番号＝任意付番	米国	なりすまし被害が深刻化、共通番号制度見直しの動き
		カナダ	

限定的な番号制度	市民サービス番号＝強制付番	オランダ	全ての行政機関で使用。運転免許証、旅券等に番号記載。民間使用で共通番号化の方向。
	納税者番号	ドイツ	番号は税務のみに使用
		オーストラリア	他に医療番号、かつて共通番号制を認めない国民議論を行った
		イタリア	出生時付番、住民登録カードもある
	国民保険番号	イギリス	社会保障、税に使用。顔写真・指紋入力のICカード化は撤廃。
	社会保険番号・住民登録番号併用	オーストリア	分野ごとの個別番号、符号で連携
	社会保障番号	フランス	ICカード交付。医療サービス目的。国家身分証明カードには番号未記載

（注記：制度の呼称は厳密ではない）

参考資料：「国民ID制度に関する諸外国の事例調査結果」（2011．3内閣官房IT担当室）、「主要国における税務面で利用されている番号制度の概要」（2010税制調査会）、「諸外国における国民ID制度の現状等に関する調査研究報告書」（2012.4国際大学グローバル・コミュニケーション・センター）、「金融税制・番号制度研究会報告書」（2010．11）、PIJ(プライバシーインターナショナルジャパン)「CNNニューズ」バックナンバー、白石による韓国他の調査をもとに、白石孝が作成。

民間分野に拡がる共通番号利用

ＩＴ総合戦略本部が打ち上げた「預金口座に番号紐づけ」は、早くも禁じ手を使ったことになる。そもそも民主〜自公政権とも「番号制度の利用範囲は官の分野だけ」と言い続けてきた。この「利用分野」と「番号の利用」は紛らわしく、一般的には「官だけでの利用なら、それほど問題ないのではないか」という世論になっていった。

しかし、所得の把握に使うと決めた段階から、「番号」はあまねく民間分野に浸透することは自明の理だった。これまでなかった法人番号を初めて制度化するのもそれが目的である。

事業者が労働者を雇用する際、本人確認と番号確認は必須とされ、これは賃金だけでなく報酬や謝礼など所得課税に必要な、源泉徴収するすべての事業者、つまり法人格を持っていない任意団体であっても必要になる。当初は法人格がないとか小規模な団体は免除するかもしれないが、いずれは全体に及ぶだろう。

マイナンバー等分科会の５分野への利用拡大で預貯金付番と医療連携を打ち出したことは、法案国会審議における政府答弁を完全に自己否定する暴挙である。預貯金付番については、

２０１５年通常国会で法整備を行い、２０１８年から実施するという行程を発表、①社会保障給付に係る資産調査、国税・地方税調査で口座情報を利用開始、②税法改正し金融機関で番号紐づけ開始、③預金保険法で口座の名寄せ開始、④公金納付で番号提供開始という性急さだ。

医療については、厚生労働省や日本医師会などが共通番号一体化に否定的で、独自付番としても、共通番号カードに医療保険証機能を組み込むことになれば、番号は別でもＩＣ番号カードを頻繁に持ち歩くようになり、現在医療保険証を所有している人が、番号カードを持つようになることは必至だ。こうなると、官の分野に限定し、民間利用はさせないという政府説明の根底が崩れる。

官民共通番号でなく分野別番号に留めさせること

準備が整わないということで延期がないとはいえないが、当初の予定どおり2015年10月、個人番号と法人番号が付番される可能性は高い。この際に付番自体をさせないことは、圧倒的多数の賛成派議員が占める現在の国会では不可能だろう。また、住基ネットでは「自治事務」だったのが、今回は国が地方自治体に委託する「法定受託事務」と規定されたため、地方自治体はその事務に関する判断権限をもっていないことも、「地方からの反乱」を困難にしている。

付番を世帯ごとに通知する紙製の「通知カード」を返上することも考えられるが、これも「見えない、見せない」住基ネットとは異なり、社会経済生活を営むうえで「番号」を使わざるをえなくなるので、番号そのものを否定するのは容易でない。

では、どうしたらいいだろうか。

まずは通知カードをそのまま使用し、番号カードを申請しないことだ。政府も「カードの取得は強制していません」と言っており、これまでと同じように本人確認には免許証やパスポートと通知カードを併用すれば、番号カードは必要ない。したがって、番号カードを申請しなくても、何ら不便ではないので、市民が自らを「守る」ためには有効な選択だ。

預金口座との紐づけや医療保険証統合がいかに危険なのか、その理解は広がっていない。政府の宣伝は、税の公平性、換言すれば「ちゃんと税金を払いなさい」。そのためにはガラス張りが大切」というものだが、税の専門家が「番号制度で所得の100％把握は困難」とかねてより指摘し、今や常識となっているにも拘わらず、こういった巧みなキャンペーンを繰り返している。社会保障に関しても、公平・公正を前に出し、そのためには重複給付や給付漏れを防止できる、手続が簡単になると、いかにも社会保障を充実させるかを装い、国民をだまし続けている。付番へ向け、これを覆す私たちのキャンペーンが必要だ。

（しらいし・たかし）

第2章

プライバシー権を侵害する憲法違反の共通番号制度

データマッチングによるプライバシー丸裸化の危険性

水永誠二
弁護士

はじめに

「共通番号制度は憲法違反だ」――これは住民基本台帳ネットワークシステム（住基ネット）の違憲性を訴えてきた者の立場からすれば、あまりに自明である。このような全国民（と中長期に在留する全外国人）に関する個人情報を名寄せして突合《とつごう》（＝データマッチング）できるシステムを創り出すことの危険性に気づかない方がおかしい（なお、これは「左」だからとか「右」だからということと関係ない。住基ネットが創られたときは、自民党では「防衛族」「警察族」といわれる人たちが最も反対していたことを想起すべきである)。

しかし世の中を見渡せば、「共通番号制度って何?」「マイナンバーって言われるけど、何が変わるの?」と言っている人が(少なくとも今は)ほとんどである。

どうしてだろうか? 思うに3つほど原因がある。第1に、この制度自体、強い必要性に基づいて作られるものではないから、皆に関心がない。第2に、この制度自体が複雑で分かりにくい。それ故、政府の宣伝と、それをそのまま無批判に垂れ流すマスコミの現状が相まって、問題点に気づくきっかけが与えられていない。第3に、ポイントカードなどの「番号制」が普及してしまっており、皆が「番号制」に慣れっこになってしまい、感覚が麻痺している。

このような状況を打ち破り、皆に「共通番号制はこんなに危険なのか。絶対反対。」という確信を持ってもらうために、そして、この制度の濫用を防ぎ、廃止に追い込んでいくために、以下、憲法で保障された権利(主にプライバシー)との関係で、述べてゆく。

共通番号制度（マイナンバー制度）で何がどう変わるのか

1　共通番号制度の特徴――住基ネットで目指したことの完成形

住基ネットも「国民総背番号制につながる」と批判された。しかし、それは、①国民全員に対する、②限定された行政分野内部で利用するための、③背番号の付番システムに過ぎなかった。住基ネットは、日本国民全員に対して、漏れなく（悉皆《しっかい》性）・重複しない（唯一無二性）・11桁の「背番号」（住民票コード）を付けたという意味で画期をなすものであったが、その利用範囲がかなり限定され、個人データの統合システムを欠くという点では〝不完全〟なものでしかなかった（逆に言えば、それくらい国民の拒否反応と反対運動が強かったし、マスコミも一部を除いて総じて批判的であったということでもある）。推進派は、住基ネットを、小さく産んで、利用事務の拡大などを通じて大きく育てようとしたが、それに失敗したとも言える。

これに対し、共通番号制度は、①国民と外国人住民（＋法人）の全員に対する、②民間も含めた広範な分野における利用のために、③新たに「マイナンバー」と呼ばれる12桁の「背番号」を付番した上に、④番号付きの個人情報の連携（データマッチング）をするためのシステム（情報提供ネットワークシステム）を作り出したものであり、住基ネットと比べると格段にパワーアップしている。あとは利用分野を広げていくだけであって、システムとしては完成したと言ってよい。

しかも、住基ネットにおける「背番号」（住民票コード）が、いつでも・理由を問わずに、変更可能であったのに対し、共通番号制度の「背番号」（マイナンバー）は、原則生涯不変の背番号であり、かつ、民間部門を含む広い分野での利用が法律で義務づけられること、更に、施行後3年をメドとして（実際にはそれを前倒しして）、「ワンストップサービスの実現」などを掛け声として、「公共料金」的な部門を始めとして、銀行口座の管理や医療分野など、更なる民間利用解禁が検討されている。

2　名寄せ・突合（データマッチング）システムの完成

(1)　共通番号制度とは何のためのシステムなのか

いわゆる共通番号制度とは、読んで字のごとく、分野を超えた事務に、共通の個人識別番号（背番号）をつけて利用する制度である（これに対し、免許証番号や健康保険証番号のように、分野毎に別の番号を付ける制度を「分野別番号制度」という）。これにより、分野を超えた個人情報の名寄せが「共通番号」をマスターキーとして、迅速・確実に行えるようになる。

もう少し詳しく言うと、かつて、例えば、A：斉藤一郎の所得は200万円であるという税分野の情報と、B：斉藤一郎はある社会保障給付を受けているという社会保障分野の情報とを名寄せしようとする場合は、A、Bそれぞれの情報に付いている斉藤一郎の氏名・生年月日・住所・性別の4情報（これらを「本人確認4情報」という）が一致するから「同一人の情報だ」と判断することで行うしかなかった。しかし、①この4情報は、いくつかを組み合わせないと同一人物かどうかが判断できないし、②「斉藤」と「斎藤」、「齋藤」などのように、いくつもの異体字があると同一人と判断できない場合もある。③更に問題なのは、住所や氏名が変わったような場合に一致しなくなり、現在事項を表す住民票だけでは確認できず、その本籍地所在地の市町村にある戸籍までたどって、ようやくその両者が同一人であることを確認するしかなかったことである（なお、分野別番号を使っていても、分野を超えた個人情報の名寄せには、やはり本人確認4情報でその同一性を突き合わせるしかない）。

⑵　一生涯にわたる・分野を超えたデータの名寄せ・突合が可能に

しかし、分野を超えた共通の番号制度の下では、Aの情報にもBの情報にも、斉藤一郎の背番号である「123456789012」という共通番号が付くようになるから、この「共通番号」だけをマスターキーとして、同一人であることが確認でき、個人データの名寄せ・突合は迅速・確実に行えるようになる。特に、今回作られる共通番号制度では、官と民の様々な分野の個人データが、生涯不変の1つの背番号で管理されることになるため、氏名や住所、果ては性別が変わろうと、一生涯にわたる・分野を超えた、個人データの確実な名寄せ・突合（データマッチング）が可能となるのである。

共通番号制度で、どのような危険性が生れるのか？

1　データマッチングによりプライバシーが丸裸とされてしまう危険性

⑴　プロファイリング

これが最も本質的で重大な危険性である。すなわち、いろいろな分野の個人情報が、共通番号をマスターキーとして集められ、統合されて、その人の人物像が作られてしまうということである（これをプロファイリングという）。例えば、共通番号の下に、1960年6月15日生まれの男性、住所は東京都新宿区○○町1-1という基本的な本人確認情報はもとより、家族関係、職業、職場、年収、どこにいくらの預貯金があるか、学歴、健康状態、趣味・嗜好に関する情報までがぶら下がることなり、それらが統合（マッチング）されたら、その人の人物像はほぼできあがってしまう。

(2) ビッグデータと「監視社会」

このようなデータマッチングによるプロファイリングは、「ビッグデータ」の活用が進む現代社会において、飛躍的に重要性を増している。

民間分野では、例えば、ポイントを「エサ」とする会員番号による個人情報の名寄せがすさまじい。あるポイントカードなどは、コンビニから新聞、薬局に至る多種多様な分野の購入履歴情報等を網羅している。情報を収集する企業の側からすれば、わずかのポイントの付与と引き替えに、〝金のなる個人情報〟がそれこそ湯水のように流れ込んでくるのである。企業は、それら収集した個人情報をマッチングして分析することにより、その人の特性（趣味嗜好）に基づいた・効率の良い広告宣伝に活用できる。また、このような嗜好の人にはこのような商品が売れ筋になるという商品開発にも活用できる。反対に、ポイントカードの持ち主にすれば、知らぬ間に、趣味嗜好、ライフスタイル等が完全に分析されて、〝プライバシー丸裸状態〟とされてしまっているのである。

国（行政）においても、各種個人データをクロスして集計すれば有用な立法や行政の基礎となるデータが得られる。これはある意味まっとうな使い方であり、政府もこのような使い方をアピールする。しかし、これは、例えば、国の施策に反対する者のデータを集めてマッチングし、分析することにも利用できる。また、それらの者の関係者(家族、取引関係者、学校の関係者等)を捕捉することにも利用可能となる(他の論考でも指摘されるであろうが、特定秘密保護法の適正評価の資料集め等に利用されるのではないかと批判される所以である)。警察は、「刑事事件の捜査」であれば、マイナンバー付きの個人情報の収集等が許されているし、これに対しては第三者機関(特定個人情報保護委員会)の監視も及ばない。他の論考で「データ監視する国家」とネーミングされているが(本書第8章172頁、「テロ対策」などの名の下に、まさにそのような利用がなされる可能性は高いし、それに対する防止策はきわめてお粗末と言わざるを得ない。

2　大量の共通番号付きデータベース構築の危険性

共通番号の利用が普及するにつれて(政府はドシドシ推進する方針である)、共通番号付きのデータベースもそこかしこにできあがってくる。そもそも、現在法律で予定されている利用事務だけでも、従業員や取引先事業者などの給与・報酬関係のデータベースには共通番号をひも付けて保存しなければならないのであるから、官以外の民間部門だけでも数百万のデータベースができてくる計算となる。これらのデータベースに対して、不正閲覧、不正持ち出し、サイバー攻撃などがなされれば、共通番号付きのデータが大量漏洩する事態となる。これは、プライバシー情報の漏洩という問題に止まらず、安全保障上の問題にもなりうる（先述の住基ネットに対する「警察族」「防衛族」の反対理由はこの辺りにあると思われる）。

そして、一旦漏洩してしまったら、特にインターネット上に漏洩してしまったら、それを抹消して原状回復することは事実上不可能である。

また、3で述べるように、他人の共通番号（マイナンバー）を知ることは比較的簡単であるから、一旦インターネット上に漏洩した個人情報は、マイナンバーをキーとして、誰もが容易・確実に名寄せすることが可能となる。名寄せができれば、なりすましも容易にできるようになり、危険性が増すこととなる。

3　なりすましの危険性

⑴　誰もが知りうるマイナンバー

この共通番号制度においては、12桁の共通番号（マイナンバー）は、事実上、誰もが知りうる番号となっている。

何故なら、まず、この番号を自分の勤務先や取引先に伝えないといけないという義務が課せられているからである。しかも、伝える際には、きちんと自分の本人確認資料である免許証等と併せて示さないといけないので、例えば、（ベネッセ漏洩事件の時のように）漏れたときの対策として、名前を一部変えておくとか、住所を一部変えておくとかという対策はとれない。

しかも、政府は、ＩＣチップ入り、顔写真付きの個人番号カードを、身分証明書のみならず、様々な機能を付加した上で利活用することを推進している。この個人番号カードの裏面には12桁のマイナンバーが記載されているのであるから、身分証明書や何らかの利用カードとして提示するたびに、相手方がそれを見て知りうる機会が与えられるのである。これでは、たとえ、「マイナンバーは法律で認められた場合以外は記録してはいけない」と法律で禁止したとしても底抜けであると言わなければならない。しかも、世の中には悪徳な業者はごまんといるのである（また、会社の倒産などの事情により、正当に収集されたマイナンバー付き個人情報が流出する機会も増加すると予想される）。

さらに政府は、個人番号カードと医療保険証との一体化をはかって、個人番号カードの普及を一気に図ろうとしている（わずか数パーセントしか普及しなかった住基カードのトラウマとしか言いようがない）。そして、戸籍制度にも共通番号を活用しようとしている。このような、共通番号の記載された個人番号カードの普及や、それに伴って、きわめてセンシティブな医療情報や戸籍情報と共通番号がひも付けられるような事態を招くこともきわめて危険である。

⑵ なりすましの激増をもたらす

右に見てきたような利活用の推進は、必然的になりすましの激増をもたらす。政府は、「アメリカの社会保障番号（ＳＳＮ）カードは顔写真が付いていないが、日本の個人番号カードは顔写真付きだから、なりすましがしにくい」と主張するが、このカードは、顔写真付きとはいっても、カード内部のＩＣチップの顔写真画像と照合して本人確認することは予定されていない。例えば、表面だけの張り替えや、カード自体（外見は単なるプラスチックカードである）の偽造は、やる気になればきわめて容易である。なりすまし犯罪が増加することは必然と言わざるを得ない。

米国や韓国は、なりすまし犯罪の増加が大きな社会問題になっている。米国国防省では、安全保障の観点からも、分野別番号制に転換しようとして、多大の費用と労力をかけている。

4 効率化こそ善か？

政府や共通番号制度を賛美する人たちは、共通番号により便利になる、社会が効率化する。

経済成長に資するという発想である。

しかし、効率的なシステムは、1つのトラブルが全体に及ぶ社会でもある。例えば、1つのパスワードで全てのインターネット事務を処理できれば、効率的だし便利だろう。しかし、1つのパスワードが破られたとき、なりすましでアクセスされて、全部の個人情報が漏洩してしまったり、おかしな操作をされたりしてしまう。

セキュリティ対策で、長い・複雑なパスワードをそれぞれに付けたりすることは、面倒ではあるけれど、安全のためのコスト・手間と考えるものである。結局は、バランスの問題であり、便利さ・効率性が優先するものではないのである。しかも、それにより犠牲となるのは、一旦漏れたら回復不可能なプライバシーなのである。現在の米国や韓国におけるなりすましによる社会的損害と、そこから脱却しようとして投入されている人と金を考えると、今のうちに抜本的対策をとっておかないと取り返しのつかないことになる。

さらに付け加えるならば、マイ・ポータルというインターネットサイトが作られる点があげられる。高齢者やIT弱者がなりすまされる危険性が高い。インターネット銀行のように、責任を持って使える人だけが参加できる仕組みにしておかないと非常に危険である。

共通番号制度の違憲性——プライバシー権などの侵害

以上のような危険性を有する共通番号制度に反対する・歯止めをかけるための1つの方策として、「憲法で保障された基本的人権の侵害を止めろ！」というものがある。

1 憲法13条で保障される「プライバシー権」とは？

憲法13条は、人格権を保障している。人格権の一内容として「プライバシー権」がある。プライバシー権は、「自己情報コントロール権」とも言われる。かつては、「私生活上の事柄をみだりに公開されない権利」であるとか、「そっとしておいてもらう権利」（The right to be let alone）というように言われていたが、情報が高度に流通するようになった現代社会においては、もっと積極的に、「自分に関する情報をコントロールする権利」というように〝進化〟している。言い換えるならば、自分に関する情報の取得、保管、利用、（第三者への）提供の各段階において、その目的を事前に明らかにさせ、そのような目的での取得や利用ならOKだよ（もしくはNOだよ）という本人（情報主体）の同意権の行使により、その流通をコントロールして、自分のプライバシー情報を守る権利である。

2　共通番号制度はプライバシー権保障と対立する

(1)　プライバシー等を犠牲にしてまで実現すべき利益はない

右に述べたように、共通番号制度は、名寄せ・突合（データマッチング）、漏洩、なりすましなどの危険性が高い。

これに対して、共通番号制度により実現しようとする「利益」は、A：より公平な税制や社会保障の充実や、B：情報化社会のインフラというようなものがあげられている。しかし、Aに対しては、共通番号を納税者番号として利用しても、正確な所得捕捉が不可能であることが、いまや広く知られている。また、社会保障は財源の問題があり、むしろ膨張する社会保障費を削減・抑制するためにこの共通番号制度が利用される恐れの方が大きいと思われる。Bに対しては、そもそもこれがきわめて曖昧なキャッチフレーズであるし、いまや世界の趨勢は共通番号制度を使わずに情報化社会に対応しようとしていることと真っ向から対立する。米国や韓国の共通番号制度から分野別番号制度への苦闘がそれを示しているし、例えば、オーストリアなどの世界の先頭を走っているIT化国家のように、分野別番号制度を使いながら、暗号を用いたひも付けによって情報連携の効率化を図るという「セクトラルモデル」のような例も存する。結局、共通番号制度により実現しようとする（言い換えれば、共通番号制度がなければ実現できない）具体的な目的・利益は存しないといわざるを得ない。

⑵　プライバシー・バイ・デザイン（Privacy by Design）

先に、インターネット上に一旦漏洩したプライバシー情報は、事実上消すことができず、回復不可能であると述べたように、プライバシーはきわめて傷つきやすく・回復が困難な人権である。したがって、その保障の程度は高くしなければならない。

そのような観点から、近時日本でもよく使われる概念が「プライバシー・バイ・デザイン」である。これはカナダ・オンタリオ州プライバシーコミッショナー（第三者機関）が１９９０年代に提唱したものであり、プライバシー侵害のリスクを低減するために、制度設計の段階からプライバシー保護対策を考慮した取組みを行うといった意味である。そして、そのために、プライバシー影響評価（ＰＩＡ――システムの開発により、プライバシーに対してどのような影響を与えるかを事前に評価する制度。環境影響評価のプライバシー版）の実施も位置づけられる。これらには、システムができてからプライバシーに重大な悪影響を及ぼすことが分かると、そのシステムの改修等に莫大な費用がかかるので、それ未然に防止するという経済合理性もある。

ところが、日本の共通番号制度においては、「日本版ＰＩＡを導入した」といいながら、実際に行われていることは、行政庁毎の情報セキュリティ対策評価のような代物でしかない。したがって、この共通番号制度で最も問題となる各行政庁を超えた個人データの名寄せによるプライバシーに対する影響（危険性）評価はなされていないのである。これでは、プライバシー・バイ・デザインの思想にも反するといわざるを得ない。

4　平成20年の住基ネット最高裁合憲判決との関係

⑴　最高裁判決は共通番号制度の合憲性を基礎づけない

共通番号制度の違憲性について考える場合、避けて通れないのが、平成20年3月6日に言い渡された最高裁第一小法廷の住基ネット合憲判決である。政府も、この最高裁判決を前提に、それに違反しないように制度設計を行ったと称している。

しかし、そもそも、この最高裁判決の述べる人権の内容は古すぎて、高度な情報化社会である現代社会の依るべきものとは言えない。そればかりでなく、この最高裁の基準を前提としても、共通番号制度の合憲性を導き出すことは困難である。

(2) 最高裁判決が前提とした人権の内容の古めかしさ

最高裁判決は、「何人も、個人に関する情報をみだりに第三者に開示又は公表されない自由を有する」ことを判断の前提とした。しかし、これは1969年当時の、いわゆる「肖像権」をめぐる判断（京都府学連事件判決）を前提としているものであり、インターネットが発達した高度な情報化社会である現代社会のプライバシー保障の前提としては古めかしすぎる。しかも、「みだりに」などというきわめて曖昧な判断基準を立てることにより、プライバシー権の本質である「本人の同意権」との関係について判断を回避している。

(3) 最高裁判決の合憲判断の基礎となる諸前提が異なる

最高裁判決は、住基ネットの合憲性を導く前提として、①住基ネットで扱う本人確認情報は、いずれも個人の内面に関わるような秘匿性の高い情報とはいえない、②住基ネットによる本人確認情報の管理、利用等は、法令の根拠に基づき、住民サービスの向上及び行政事務の効率化という正当な行政目的の範囲内で行われている、③住基ネットのシステム上の欠陥等により外部から不当にアクセスされるなどして本人確認情報が容易に漏えいする具体的な危険はない、④漏えい等は、懲戒処分又は刑罰をもって禁止されている、⑤指定情報処理機関に本人確認情報保護委員会等を設置して、本人確認情報の適切な取扱いを担保するための制度的措置を講じているといった事情を挙げて、「住基ネットにシステム技術上又は法制度上の不備があり、そのために本人確認情報が法令等の根拠に基づかずに又は正当な行政目的の範囲を逸脱して第三者に開示や公表される具体的危険は生じているということもできない」と結論づけている。

しかし、共通番号制度では、①共通番号と共に扱う個人情報は、税や社会保障関係など、きわめて機微な情報であり、②「法令の根拠」に基づくとはいえ、官民を通じて、これからどんどん扱う情報は増えてゆく、③利用分野の拡大により、特に民間部門において共通番号付きの情報が漏洩する危険性は高まっている、④同じく懲戒や刑罰をもってしても漏洩の機会は高まっている（しかも、住基ネットの場合と比べて、番号付き個人情報の利用価値は比較にならないほど高くなっているから、不正の危険性は圧倒的に高まっている）、⑤共通番号制度では、特定個人情報保護委員会という第三者機関が設立されたが、その権限は、前述のように特に警察関係などに対してはまったく不十分であり、また、マンパワーもきわめて非力であるなど、その前提がまったく異なっている。

(4) 決定的に異なる点――データマッチングのシステムである

最高裁判決と共通番号制度が決定的に異なる点は、最高裁判決が、「現行法上、本人確認情報の提供が認められている行政事務において取り扱われる個人情報を一元的に管理することができる機関又は主体は存しない」ことを挙げて、「住基ネットの運用により個々の住民の多くのプライバシー情報がデータマッチングされ、本人の予期しないときに予期しない範囲で行政機関に保有され、利用される具体的な危険が生じているということはできない」と結論づけている点である。

政府も認めているように、この共通番号制度はデータマッチングを効率的に行うためのシステムである。そして、仮に分野別のデータは各省庁が「分散管理」されているとしても、コンピュータ・ネットワークにより、それらの分散データは一瞬にしてデータマッチングされるのであるから、一元的に管理していることと変わりないのである。

おわりに

以上述べてきたように、今般創られようとしている共通番号制度は、私たちの基本的人権を侵害するものであり、全面稼働前に何とか対策をとらなければならないものである。

そうしないと、プライバシーの侵害は萎縮効果を生み、個人が人格的自律を行ってゆく環境を喪失させ、ひいてはそのような個人を前提とする民主主義の基盤をも掘り崩す結果となる（政府も、2011年6月30日付「社会保障・税番号大綱」段階ではこの危険性を認めていた（同15頁））。また、このインフラは、特定秘密保護法の運用など、監視のためのインフラとしても活用されていってしまう。

ただ、「プライバシーの侵害」といっても、インターネット上での個人の秘密の暴露のような形態によるものは理解しやすいのに対し、「萎縮効果」については、出版の禁止のような直接的な制限でないために理解されにくい。戦争体験をした年配の方の方が感覚的に共通番号制度＝国民総背番号制度の危険性がスッと腑に落ちることが多いのはその体験によるのではないだろうか。共通番号制度の問題を訴える際に今後さらに検討すべき点である。

（みずなが・せいじ）

第3章

共通番号制度の「裏」の顔＝監視体制の日常化を暴く

宮崎俊郎
反住基ネット連絡会

はじめに

2013年5月24日、共通番号法（＝マイナンバー法）が通常国会において成立した。3月22日に衆議院本会議において趣旨説明が行われた後は、延べ6日間、23時間と参考人招致の後、連休明けの5月9日に衆議院本会議にて採決され、参議院に送られ、5月24日には参議院本会議にて可決成立してしまった。参議院内閣委員会はたった2日間の審議で終了。

共通番号法はもともと民主党政権において登場し、民自公の3党合意が政権交代後も民主党を呪縛し、反対することができなかった。衆議院内閣委員会の中で反対の姿勢を明確にしていたのは共産党の赤嶺政賢議員と生活が第一の村上史好議員のみという淋しい状況だった。

市民運動もその後の秘密法反対運動とは異なり、住基ネット反対運動に取り組んできた反住基ネット連絡会の呼びかけで取組みが行われたが、国会審議の傍聴も数人単位でしかなく、国会前行動も数十人という貧弱なものに終始せざるをえなかった。1999年の住基法改悪反対運動は盗聴法や国旗国歌法、周辺事態法などの悪法と連動していたために、まだその盛り上がりがあったが、共通番号法については反対運動の広がりが見られなかった。

住基ネット以来、これまで番号問題に主要に取り組んできた私の中で「なぜ共通番号反対運動は極少派なのか」という問いに対する解を見出せない限り、今後の運動の展望を作ることが難しいという思いがあった。本稿はその問いに対する解への模索でもある。

共通番号の「表の顔」と「裏の顔」

共通番号は「表の顔」と「裏の顔」という二つの顔を持っている。私たちは「表の顔」にやられたのだ。「社会保障と税」という「表の顔」に。

推進側は決して「共通番号」とは言わない。「共通」は「国民総背番号」を想起させるのだろう。推進側の正式名称は「社会保障と税番号」であり略称が「マイナンバー」である。「マイナンバー」も民主党政権時代のネーミングであるので自民党政権においては採用されないだろうと思っていたらとんでもない。こっそりとそのまま使い続けている。「私の番号」などという大変気色悪いネーミングは政権交代で葬り去ってほしかった。

「社会保障と税」という冠《かんむり》は絶大なる効果を発揮した。社会保障と税における「不公平」感は番号付による恐怖を圧倒的に凌駕した。原発や集団的自衛権に反対している人でも「社会保障と税が番号によって少しでも公平になるのであればしょうがないか」と共通番号に消極的賛成の姿勢を示す人は決して少なくない。それくらい社会保障と税については多くの民衆が不公平感を抱いている。そしてその「不公平感」が共通番号を支持する「空気」を醸成してしまっている。

しかし、そこには二つの大きなカラクリが潜んでいる。

一つ目は「共通番号は社会保障と税の不公平の是正に全く貢献しない」という点。不公平を生んでいるのはその制度的仕組みや構造であって、番号というインフラによってあたかもスッキリと不公平が解消されるというのは推進側の明白なまやかしである。税についても小売も含めてあらゆる取引に番号が付されないと所得の完全な捕捉は不可能であり、よって税の公平な負担というのは幻想でしかないが、この点についてはここで詳述しているゆとりはない。共通番号の眼目は「表の顔」にはなく「監視装置としての共通番号」という「裏の顔」にこそ存在していることを後述したい。

二つ目は、「社会保障と税」という冠はあくまで法制定時であり、その後の利用拡大はすでに法成立時に「3年後」の拡大として織り込まれているのである。法制定直前には「災害対策」という第3の領域が駆け込み的に挿入された。そして現在は、施行が2016年1月であるにもかかわらず、すでに銀行口座への付番や番号カードの健康保険証としての利用など制度がスタートしていないのに拡大路線が喧伝され続けている。何でもやり放題という野放図な状態がまかり通っている。次項ではこの点を論じてみたい。

小さく産んで大きく育てる治安維持法的詐術

共通番号が「社会保障と税」という領域限定番号としてスタートしようとしたからこそ反対の声が小さかったわけだが、秘密法や盗聴法も成立当初は限定的であるというスタンスを取って法制定にこぎつけている。盗聴法は1999年に成立したが、傍受対象犯罪は薬物関連犯罪・銃器関連犯罪・集団密航に関する罪・組織的な殺人の罪の4類型に限定されていたが、今回窃盗や詐欺などの一般犯罪にまで適用拡大が画策されようとしている。戦後立法化を試みた政権は多かったが、なかなか成立にまでこぎつけられなかった治安立法をいくつも成立させ、またはさせようとしているのが安倍政権だ。共通しているのは立法化に向けては決してその本質的な姿を民衆に露わにしない詐術だ。いったん成立してしまえば、その後の拡大について民衆の意識が後退することをうまく利用している。戦前に登場した治安維持法の詐術と大変近似的なのがとても気にかかる。

治安維持法は成立当初、「結社罪」を中心に組み立てられており、思想の不特定多数への宣伝を取り締まる「宣伝罪」を排していた。大正デモクラシーの時代では限界はあれ、言論の自由を大きく侵犯することは問題視されていたのである。当時の政府はコミンテルン（共産主義政党による国際組織）からの共産主義の宣伝を恐怖し、1925年1月に締結された日ソ基本条約の中には「宣伝禁止条項」を入れながら、治安維持法からはあえて外したのであった。

1928年には「目的遂行罪」が新設され、目的を遂行するためのあらゆる行為を罰することが可能となった。1941年には二度目の大改「正」が行われた。その特徴は、罰則適用の拡大、裁判所の令状なしに検事の強制捜査権を認める刑事手続の変更、そして予防拘禁制度の創設であった。もはやそこには1925年当時の結社罪に限定するという姿勢は見られず、とても結社とは言い難いような「集団」にも適用可能とし、国体変革を目的とした宣伝と個人の目的遂行行為を罰することを可能とした。

このように1925年当時の治安維持法は、改「正」と拡大解釈を通じてその基本的な性格を全く違ったものに置きかえてしまった。日本が戦争体制に突入していく過程で「国民」を総動員していくための反体制グループの摘発は、当初日本共産党を対象としていたが、徐々に範囲を拡大し、人民戦線運動や宗教団体、さらには研究団体や文化団体にまで拡大し、特高警察に拘束された検挙者数は1928年から1940年までに6万5000人に上った。

1925年成立当時は7条から成り、その第1条は「国体を変革し又は私有財産制度を否認することを目的として結社を組織し又は情を知りて之に加入したる者は十年以下の懲役又は禁錮に処す。前項の未遂罪は之を罰す」であった。「国体変革」や「私有財産制度の否認」などその定義において多義的かつ曖昧な規定はいかようにも解釈され、その適用範囲は止めどもなく拡大していったのである。1941年改悪時の治安維持法は65条にまで膨れ上がっていたのである。

まさに小さく産んで大きく育った典型的な法律が治安維持法であり、それは立法時に民衆から目をそらさせる巧妙な詐術なのだ。いまその詐術が現代の治安立法に甦っている。私たちはあらゆる想像力を駆使して立法時からその拡大の危険性に対する対抗的取組みが問われてきている。と同時に成立してもその後の拡大と日常的に対峙し続けなければならないという極めて困難な状況に置かれているという自覚が必要なのである。

共通番号の「裏」の顔

住基ネットの住民票コードでは事足りず共通番号が登場したのは、「表」の顔としての税や社会保障に対する利用が住民票コードでは妨げられていたことよりも、警察・公安機関による「監視装置」としての利用がシャットアウトされていたことの方がおそらく重要な要因だったのだろう。住基ネットは利用拡大の道を取らず、「本人認証ツール」に純化させられた。導入当初の「夢」を挫折に追い込んだのは、予想外の多くの市民の反発だった。全国最大の自治体である横浜市では350万人のうち80万人を超える約4分の1の市民が能動的に住基ネットを拒絶した。

住基ネットは永田町官僚にとってもトラウマとなっているという。しかし彼らは流石に転んでもただでは起きない。住基ネットの「失敗」をしっかりと総括して共通番号では「表」の顔を全面に押し出した。「裏」の顔が真の導入理由であることを看破されないために。

ここでは、住基ネットとは全く異なる共通番号の警察・公安機関による利用の構造を整理してみよう。次の大きく3つに大別される。*注1 ①法や条例の利用事務への追加、②法19条12号で提供された特定個人情報の利用、③法の枠外での利用。

1　法や条例の利用事務への追加

番号法利用事務9条1項（別表第1）、情報提供ネットワーク利用事務（別表第2）に堂々と利用事務として追加するのが最も正攻法である。しかし税と社会保障とは対極的な警察・公安利用を別表に書き込むにはかなり抵抗もあるだろう。住基ネットは国会においても警察などの利用は行わないと政府答弁がなされ、その利用が極めて限定的であった。ところが、共通番号についてはそこが曖昧で警察利用を否定していない。

法成立前の参議院内閣委員会における「将来、個人番号制度で交通違反記録を把握する可能性はあるのか」という質問*注2に対して向井治紀審議官は象徴的かつ曖昧な以下のような答弁を行った。「利用範囲の拡大につきましては、番号法の施行状況を勘案し、今後三年後をめどに進めてまいるというふうに法律に書いてございますけれども、一種何と言いますか、そういう公安の世界というのはある意味最も比較的遠い世界かなという気はいたします。」

また、自治体は社会保障・税・災害対策の3類型であれば条例化することで独自利用が認められているので、警察や公安機関と連携すべき事務という名目のもとで特定個人情報（共通番号付き個人情報）が提供される危険性は十分に存在する。

例えば「防災に関する事務」として国民保護法への利用の可能性が出てくる。国民保護法は武力攻撃を想定して「国民」の保護のために自治体が協力体制を求められるものであるが、特定個人情報が警察に提供される可能性は否定できない。

2　法19条12号で提供された特定個人情報の利用

現行法の範囲内で警察・公安機関が番号利用をできる根拠がこの項目である。その構造は大変わかりづらい。まずは番号法の規定を見てみよう。

(1)　番号法の規定

番号法は9条の5項で利用範囲を以下のように定めている。

「第19条第11号から第14号までのいずれかに該当して特定個人情報の提供を受けた者は、その提供を受けた目的を達成するために必要な限度で個人番号を利用することができる。」

そして19条12号では「国会の審査・調査、訴訟手続その他の裁判所における手続、裁判の執行、刑事事件の捜査、租税に関する法律の規定に基づく犯則事件の調査又は会計検査院の検査、その他政令で定める公益上の必要があるとき」と規定しており、２０１４年3月にその他政令で定める公益上の必要があるときを定めた政令が公布された。全部で26項目あるが、主なものを以下に列挙する。

> 独占禁止法の犯則調査、検察審査会の審査、少年法の調査、破壊活動防止法の処分請求、国際捜査共助法の共助や協力、暴力団対策法の立ち入り検査、麻薬特例法による共助、組織犯罪処罰法による共助、団体規制法に基づく調査、個人情報保護法に基づく事業者から国への報告、犯罪収益移転防止法による立ち入り検査、国際刑事裁判所協力法に基づく協力　など

(2) 規定の解釈

しかも法20条では19条に該当していれば、保管・収集も可能としている。

刑事事件の捜査においてその事件解決のために特定個人情報を収集して証拠として利用することは合法だが、共通番号をキーコードとして特定個人の犯歴をデータベース化したり、2次利用は法違反だというのが政府の解釈である。「法19条12号及び施行令24条は、公益上の必要から、法令の規定に基づく調査手続等において必要な資料の収集が阻害されないよう、特定個人情報の提供・収集を認めるものですが、個々の調査目的を逸脱して、取得した特定個人情報を他の目的のために分析し、活用することは番号法上厳格に禁止されています。」と政令案に対するパブコメへの考え方で説明している。

番号法19条12号と施行令26条により、刑事事件捜査や破壊活動防止法、暴力団対策法、組織犯罪対策法その他の治安警察立法で、警察や公安機関に特定個人情報の提供・利用が認められている。この利用は特定個人情報保護委員会のチェックの対象外で、マイ・ポータルで本人が利用状況を調べることもできない。番号法の個人情報保護措置の外側で、警察等に提供する抜け道が作られている。2014年3月7日の衆議院内閣委員会では、破壊活動防止法によって公安調査庁と警察の間でそれぞれが集めた特定個人情報を相互に交換することも可能と答弁されており、*注3 公安機関の中で「番号」で名寄せしてデータベースが作られることも想定される。

しかし、刑事事件の効率的解決のためという大きな目的を立てた時、果たして目的外利用としてデータベース化が排除されるのだろうか。そもそもその目的外利用をチェックする仕組みが存在するのだろうか。

(3) 様々なチェックから除外

番号法案審議段階では衆議院内閣委員会において「刑事事件の捜査で収集した特定個人情報については、特定個人情報保護委員会の権限が及ばないか」という質問[*注4]に対して向井審議官は「刑事事件等については特定個人情報保護委員会の権限が及ばない。その理由は、刑事事件等は裁判所の規律に従うことになっているので、基本的には裁判所が一律的にそういう捜査・押収を命じ管理する、他の類似の規定におきましてもこういうふうに権限が外されている」と明確に第三者機関のチェックから外れていることを認めているのである。

しかもこの利用法は、通常行政機関間の情報のやり取りで利用される情報提供ネットワークを介さないため、情報提供記録そのものがなく、開示されない。行政機関保有情報の自己情報開示の対象にならないと考えられる。そしてそもそも特定個人情報保護評価の対象にもならない。つまり、この利用法は個人情報保護措置の対象とはならない、ある種「治外法権的」な扱いを想定されているのであれば、仮に特定個人情報のデータベース化やマッチングなどが違法だとしても、チェックする仕組みがなければ意味がないのである。エドワード・スノーデンはアメリカNSAにおける違法盗聴を告発したが、警察や公安機関は民衆の個人情報を効率的に収集するツールさえあれば、それを秘密裡に実行する習性を持っていると考えるべきだろう。そういう意味で共通番号は住基ネットにはなかった警察・公安機関の利用に道を開いてしまったのであるから、私たちは日常的にその利用についてチェックできる仕組みを担保していくか、もしそれが不可能であるのならば、警察・公安利用を止めさせるよう再度取り組んでいかなければなるまい。

3 法の枠外での利用

最後に番号法の枠外の利用の可能性について検討したい。

特定個人情報は、情報提供ネットワークを通じてやり取りされるため、直接ネットワークにアクセスして情報を取得するということは技術的に可能となる。

しかし、それよりも問題なのは、全自治体の特定個人情報が集まる中間サーバーである。中間サーバーとは、情報提供ネットワークシステムと各自治体の既存業務システムとの間で、情報連携の対象となる個人情報の副本を保存・管理し、情報提供ネットワークと既存業務システムとの情報の授受の仲介をするものである。そのため既存業務システムのデータベースの副本を中間サーバーのデータベースに保存し、中間サーバーにおいて情報照会・提供にかかる業務を処理することになる。中間サーバーのデータベースには、全住民の所得情報、世帯情報、各福祉分野の情報等の番号法別表第二に規定する個人情報が最新の情報に更新されて保存されているのだ。

しかも2014年1月に総務省は地方公共団体の中間サーバー整備の共同化・集約化について通知を発した。ハードウエアの整備にあたっては、各地方公共団体の経費節減、セキュリティ、運用の安定性の確保の観点から、クラウドの積極的な活用により「共同化・集約化」を図ることが適当とし、中間サーバーの拠点を全国2か所に設定した。

この方式は全く「分散型」システムではなくまさに「中央集約的」システムであり、いくら経費節減につながるとはいえ、全国自治体住民の個人情報が2か所に集約されるということは、例えばそこがサイバー攻撃を受けた場合、壊滅的なダメージを被るということを意味しないのか。確かにデータ利用という観点すれば、警察・公安機関は中間サーバーにアクセスすることで根こそぎ住民データをしかも容易に収集することができることを渇望していたのかもしれない。しかし、それは裏を返せば、いかようにも住民監視を精緻化することのできるある種万能ツールを警察・公安機関に手渡すことを意味するのである。

もう一つ、マイ・ポータルという仕組みは、個人が自己情報をWEBサイト上で閲覧することができるようにするものであり、個人情報が集約されるポイントとも言えるため、そこからデータを入手するという方法が可能性として考えられる。無論このポイントからの情報取得は違法だ。内閣官房はやぶれっ！住基ネット市民行動が「マイ・ポータルの仕組みを使って行政機関や警察などが特定の個人の情報をすべて一覧することは、不正・違法ではあるが可能ではないか」と質問したのに対して「マイ・ポータルの自己情報表示機能は、法律又は条例の規定による個人情報の開示に関する機能（番号法附則6条6項1号）であり、行政機関や警察が特定の個人の情報を閲覧することはできません。」と回答している（2013年10月16日）。法的にできないというだけで、システム的には可能ということだろう。

しかし技術的可能性としては先述の中間サーバーと同様のデータ集約性を持っており、共通番号のシステムは決して分散型システムではないがゆえに決定的な危険性を抱え込まざるをえなくなっている。私はこの論点はほとんどこれまで議論されてこなかったものであり、共通番号を支える裏の顔の主要なものであると考えている。共通番号が時代に逆行する「中央集権的」システムであることを今後とも問題として提起していきたい。

共通番号を民衆支配の道具とさせないために

安倍政権が成立して以降、「戦争のできる国」づくりのための様々な立法措置が模索されてきた。しかし、番号法がその文脈で語られることはほとんどなかった。その構造は先述してきたが、今こそ、利便性という「表の顔」に引きずられることなく、一連の監視装置の一翼を「裏の顔」として担う共通番号として再認識すべきであろう。

治安立法として親和性の高い関係にあるのが2013年12月に成立した秘密法である。情報操作の構造としては、民衆の情報を効率的に収集する共通番号と民衆に対して都合の悪い情報を秘匿する秘密法はコインの表裏の関係にある。現代の戦争はまさに情報戦であり、「戦争のできる国」とはその国家がいかに巧妙に自国民に対して情報統制できるか否かにその成否がかかっていると言っても過言ではないだろう。

秘密法が特定秘密に指定できる領域は①防衛、②外交、③スパイ活動の防止、④テロ活動防止の4領域であったが、もともと防衛・外交については戦後安保体制の中で秘密保全体制が構築されていた。特に2001年の自衛隊法改「正」において防衛秘密の指定、故意の漏洩に対する5年以下の懲役の設定など秘密法につながる秘密保全体制はほぼできあがり、2007年GSOMIA（軍事情報包括保護協定）では秘密軍事情報の同意のない第三国への譲渡禁止、アメリカと同等の秘密軍事情報の保護措置が求められることとなった。秘密法における防衛情報保護はそうしたこれまでの積み重ねを完成させるという程度の意味であり、それ以上に狙われていたのはスパイ活動やテロ活動という新たな、しかも曖昧な領域を設定することにあったと私は考えている。これらの領域設定を主導したのは警察・公安機関であり、構造的には「表の顔＝防衛・外交」と「裏の顔＝スパイ・テロを口実とした市民監視」という共通番号と極めて近いと捉えられる。この点をとっても秘密法と共通番号法はコインの表裏だと言えるのである。

共通番号の今後の大きな課題は、DNAなどの生体情報をいかに紐付けできるのか、というレベルに達していると考えるべきだろう。韓国の一部の地域では住民登録番号とDNA情報が紐付けされていて、犯罪捜査にも利用されているという。私たちはこうした機微データが非公然のうちにまさに「特定秘密」として共通番号とリンクされることを許さない世論形成を図っていかなければならないと思う。

今後国会に提出される危険性の高い治安立法として、盗聴法の拡大と共謀罪の新設が予想されているが、それらはいずれも警察や公安機関が切望している立法化であり、それらが成立したとすれば、共通番号や秘密法と相まって警察・公安機関のとんでもない肥大化が実現してしまうだろう。それは自由な市民活動を阻害し、日常的に市民活動を緻密に管理・監視する体制の構築と市民に対する警察・公安機関の活動の不透明化を招来するに違いない。

秘密法における特定秘密を扱う人物に対する適正評価に共通番号を利用する可能性について国会の議論においても否定されていない。*注5 また、秘密法においては特定秘密に対する共謀・教唆・扇動も罰する対象とされている。ここでも共謀罪の明らかな先取りがされてしまっているのだ。

つまり、私たちは個別法を見ていただけでは決して見えてこない全体構造を一連の治安立法＝市民監視法をトータルに捉えていくことで解明していかなければならないという状況に置かれている。再度共通番号をそうした回路で位置付け直すことを可能とするような問題提起を様々な場面で行っていきたい。

*注1　この3点としての整理は「やぶれっ！住基ネット市民行動」という市民グループで一緒に活動し、本書にも執筆している原田富弘さんが２０１４年6月18日に開催された講座「監視装置としての番号法と秘密法」でレポートした内容を基礎にしてまとめたものである。

*注2　２０１３年5月21日参議院内閣委員会において自民党江島潔委員が行った質問。

*注3　２０１４年3月7日衆議院内閣委員会において共産党赤嶺政賢委員と向井治紀審議官とのやりとりは以下の通

り。

○赤嶺委員　そこで、もう一問ですが、番号法の政令案では、破壊活動防止法、いわゆる破防法において番号つき個人情報の収集を認めようとしております。そこで聞きますが、破防法の第二十九条、「公安調査庁と警察庁及び都道府県警察とは、相互に、この法律の実施に関し、情報又は資料を交換しなければならない。」このように規定しておりますが、警察と公安調査庁は、それぞれが集めた番号つき個人情報、これも交換することができるのですか。

○向井政府参考人　お答え申し上げます。

破壊活動防止法第二十九条に基づき、公安調査庁と警察庁及び都道府県警察との間で行われる破壊活動防止法の実施に関する情報または資料の交換につきましては、現在パブリックコメントにかけました番号法が委任する政令案及び番号法本体にも例外として規定はしておりませんので、このパブリックコメントにかけました案がそのまま決定すると仮定すればそういうことになりますが、現在のパブリックコメントにかけました案につきましては、現在、政府内で最終的な検討に入っておりまして、今後、正式に閣議決定されるものというふうに承知してございます。

○赤嶺委員　番号がついたまま情報を交換する、資料を交換するということは、やはり国民のプライバシー保護の観点からも大いに問題があると思うんですよ。そのために、番号法のときには使う場合を限定してきたわけですね。およそ、番号法が秘密保護法の適性評価と結びついたり、あるいは、破防法において、国民のプライバシーの情報が番号つきでどんどん収集されていくということがないようにすべきで、もちろん我々は、破防法は全く納得いかない法律で、政府に反対する団体や主張を任意に調べているという法律であり、撤廃すべきだと思っていますが、それが番号法と結びついたらもっとプライバシーが侵害されるという危険を申し上げまして、質問を終わります。

＊注4　2013年3月27日衆議院内閣委員会において自民党豊田真由子委員が行った質問。

＊注5　2014年3月7日衆議院内閣委員会において共産党赤嶺委員が行った質問に対して向井審議官が行った回答は以下の通り。

「特定秘密保護法第12条に基づきます適正評価の実施につきましては、今後、その内容や方法等の詳細についての検討が進められるものと承知してございます。したがって、特定秘密保護法第12条第4項に基づきます資料の提出や報告の徴収における特定個人情報、番号付きの個人情報の取り扱いについても、その過程において検討することとなると思っております。したがいまして、その検討が定まりました上で番号法の政令に規定するかどうかも決められるものというふうに承知してございます。」

（みやざき・としお）

第4章

地方自治体、住民は危険な共通番号制度にどう取組むか

原田富弘
やぶれっ！住基ネット市民行動

はじめに

共通番号制度（番号制度）は、いままで行政機関や民間事業者が各々管理し原則として他に提供しなかった個人情報を、データ・マッチング（照合・名寄せ・紐付け）する「共通番号」をつくり、個人情報をタテにつなげて生涯にわたり追跡可能にし、ヨコにつなげてあらゆる個人情報を一覧可能にする社会基盤として、新たに作られようとしている。

この番号制度は、次の3つの仕組みで構成されている。

①付番（個人や団体を厳格に識別可能にする、悉皆《しっかい》で唯一無二の番号の付番）
②情報連携（個人情報を共有する情報提供ネットワークシステムの新設）
③本人確認（カードの交付と、番号利用が法律で定められた事務での提示義務）

そのいずれも、地方自治体が中心的役割を担っている。

制度の根幹的事務である「個人番号の付番・通知」と「個人番号カード交付」は、市町村が国の法定受託事務として行うことになっている。また情報連携する事務は番号法の別表第二に列挙されているが、大部分は地方自治体が保有する住民票情報、世帯情報、税情報、福祉受給状況などであり、番号制度はこれらの住民情報を国の機関や民間に提供し共有する仕組みとも言える。

いままで住民情報は自治体内で管理し、必要があるときだけ法的根拠に基づいて、あるいは本人同意によって、限定的に外部提供されてきた。しかしこれからは番号法別表に定めれば住民情報は共有に原則が変わり、国により住民情報が直接管理されようとしている。以下、共通番号制度により自治体でどんな課題があるか、それにどう取組むか考えたい。

番号制度の危険性に自治体はどう対応するか

1　国の認める番号制度の危険性

番号制度の基本方針を決定した「社会保障・税番号大綱」（2011年6月30日）では、番号制度の危険性を次のように指摘している。

「仮に、様々な個人情報が、本人の意思による取捨選択と無関係に名寄せされ、結合されると、本人の意図しないところで個人の全体像が勝手に形成されることになるため、個人の自由な自己決定に基づいて行動することが困難となり、ひいては表現の自由といった権利の行使についても抑制的にならざるを得ず（萎縮効果）、民主主義の危機をも招くおそれがあるとの意見があることも看過してはならない。」（15～16頁）。

「大綱」は民主党政権下でまとめられたが、この指摘は住基ネットに対して全国で起こされた裁判の判決を反映しており、時の政府で左右されるものではない。そしてこの認識をふまえて「国民の間に生じるのではないかと考え得る懸念」を3点にまとめている。

①国家管理への懸念

国家により個人の様々な個人情報が「番号」をキーに名寄せ・突合されて一元管理されるのではないか。

②個人情報の追跡・突合《とつごう》に対する懸念

「番号」を用いた個人情報の追跡・名寄せ・突合が行われ、

・集積・集約された個人情報が外部に漏えいするのではないか。

・集積・集約された個人情報によって、本人が意図しない形の個人像が構築されたり、特定の個人が選別されて差別的に取り扱われたりするのではないか。

③財産その他の被害への懸念

「番号」や個人情報の不正利用又は改ざん等により財産その他の被害を負うのではないか。

国の指摘する危険性は私たちからみれば不十分で、しかも「懸念」として心情的にとらえている点は問題がある。しかし国ですらこれらの危険性を認識している。

この「懸念」に対して、国は制度面の保護措置（利用制限の法定、特定個人情報保護委員会の設置、特定個人情報保護評価の実施、罰則の強化、マイ・ポータルによる本人の確認など）やシステム面の保護措置（個人情報の分散管理、符号による情報連携、アクセス制御など）を講じるとしているが、その対策には抜け道も欠落もあり、危険性を払拭するものにはなっていない。以下、自治体においてとくに対応が必要な危険性をいくつか指摘したい。

2　特定個人情報が警察、公安機関に提供

番号法19条12号と施行令26条により、刑事事件捜査や治安警察立法で、警察や公安機関に特定個人情報（個人番号のついた個人情報）の提供・利用が認められている（本書第3章参照）。

自治体ではこの警察等への提供があまり認識されていないが、2014年12月に特定個人情報保護委員会が定めた「特定個人情報の適正な取扱いに関するガイドライン（行政機関等・地方公共団体等編）」にも、自治体から警察等に提供可能と明記されている（28頁）。刑事訴訟法197条の「捜査関係事項照会」に対して、この番号法の規定が提供を認める根拠法令となって、住民情報が提供される危険性もある（「やぶれっ！住基ネット市民行動」に対する内閣官房の回答。http://www5f.biglobe.ne.jp/~yabure/kyotsu-bango/haian-ni/20121029shitsumon-kaito.html）。

「国家管理」がもっとも心配される警察や公安機関への提供がチェックできず、どのように利用されてもわからないのでは、個人情報保護措置は空洞化する。税と社会保障で使用するという説明にも反しているこの提供を中止するように自治体から国に要請するとともに、自治体でも提供を規制する措置を検討する必要がある。

3　提供先で差別的扱いなど不利益が予想されても拒めない

情報連携で提供される情報は、番号法19条7号と別表第二に列挙されている。住民票・世帯情報、地方税、医療保険給付、介護保険給付、年金給付、労働者災害補償、生活保護、中国残留邦人等支援給付、失業等給付、児童扶養手当、職業訓練受講給付金、障害者、特別児童扶養手当、戦傷病者戦没者遺族等援護、原子爆弾被爆者、児童手当、特別支援学校就学奨励などの関係情報で、いずれもセンシティブなプライバシー情報であり、自治体が保有する情報が多い。さらに現在、戸籍、預貯金、病歴など医療・健診・介護の情報への利用拡大が具体化しつつある（本書第1章、第4章）。

これらプライバシー情報は、個々人の事情によって、提供により利便性を感じることもあれば、差別的扱いなど不利益を受けることもある情報である。番号法では行政分野以外（民間）にも利用拡大することが3条で基本理念となっており、将来は民間での利用もありうる。万一漏えいした場合は大変な人権侵害につながるが、法の範囲で提供された場合でも、本人の意に反した利用をされて不当な扱いを受けたと感じることも増えるだろう。

番号法22条により自治体などの情報提供機関は、19条7号により情報照会機関から特定個人情報の提供を求められた場合、提供する義務を負っている。そのためたとえ提供により不利益が予想定されても提供せざるをえないとされている。番号制度では国民が自己情報をコントロールできる社会の実現が導入目的の一つとされたが、本人や自治体に提供の拒否権・選択権は認められていない。立法趣旨と矛盾しており、自治体から法改正を求めるべきだ。

なお市区町村では照会内容に対応した情報を自動生成して提供することになっているが、「特定個人情報保護評価書」（後掲117頁参照）では情報提供にあたり「特に慎重な対応が求められる情報については自動応答を行わないように自動応答不可フラグを設定し、特定個人情報の提供を行う際に、送信内容を改めて確認し、提供を行うことで、センシティブな特定個人情報が不正に提供されるリスクに対応している」と記述している自治体が多い。金沢市などは具体的に、慎重な対応が求められる情報としてDV被害者などを例示している。その運用に注目したい。

4　全住民情報を一括管理する中間サーバーの集約化・共同化

図1（次頁）は、総務省によるシステム整備の全体図である。

市区町村では自治体ごとに違いはあるものの、番号制度で情報連携するために、情報提供ネットワークシステムと自治体の既存業務システムとの情報の授受の仲介をする「中間サーバー」が新たに設置される。中間サーバーには、総務省が管理する情報提供ネットワークシステムから付

図1

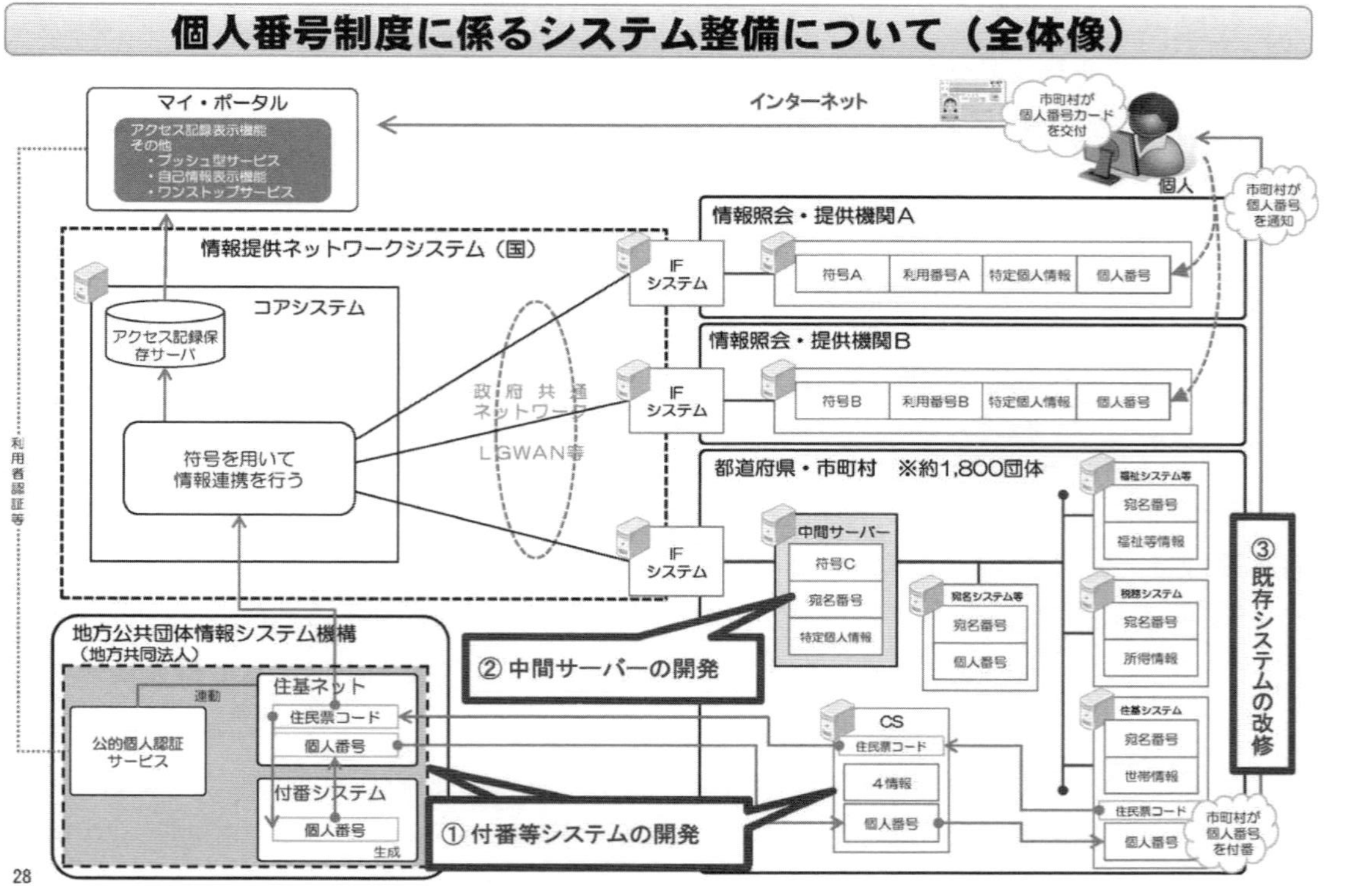

総務省 個人番号を活用した今後の行政サービスのあり方に関する研究会 第1回（2014年7月14日）資料2マイナンバー制度について

番された情報提供用個人識別符号と、自治体内での住民の識別用に付番される団体内統合宛名番号と、番号法別表第二で規定された情報連携の対象となる特定個人情報の副本がリンクされて記録される。

中間サーバーのソフトウェアは国が開発して市区町村に提供し、機器の設置と運用管理は各市区町村が行う分担になっていた。もともと各市町村ごとに設置する想定だったが、総務省は2014年1月16日、自治体に中間サーバーの共同化・集約化について通知した。それによればコストの節減とセキュリティ・運用の安定性の確保のために、地方公共団体情報システム機構が設置し運用する東日本と西日本の全国2か所の中間サーバーの拠点（「中間サーバー・プラットフォーム」）を設置する。相互にバックアップするため、実質的には全国1か所で集中管理される（図2〔次頁〕参照）。

この中間サーバーの集約化の利用は義務ではなく、都道府県・市区町村は個々に中間サーバーを設置してもよいが、総務省は集約化の活用を迫っている。番号制度では、個人情報は各情報保有機関が分散管理すると説明されていたが、もしすべての自治体がこの集約化された中間サーバーを利用すると、全国の最新の住民情報のコピーが一括して集中保管されることになる。

クラウド利用としてデータベースは自治体ごとに区分管理しアクセスは制限することになって

図2

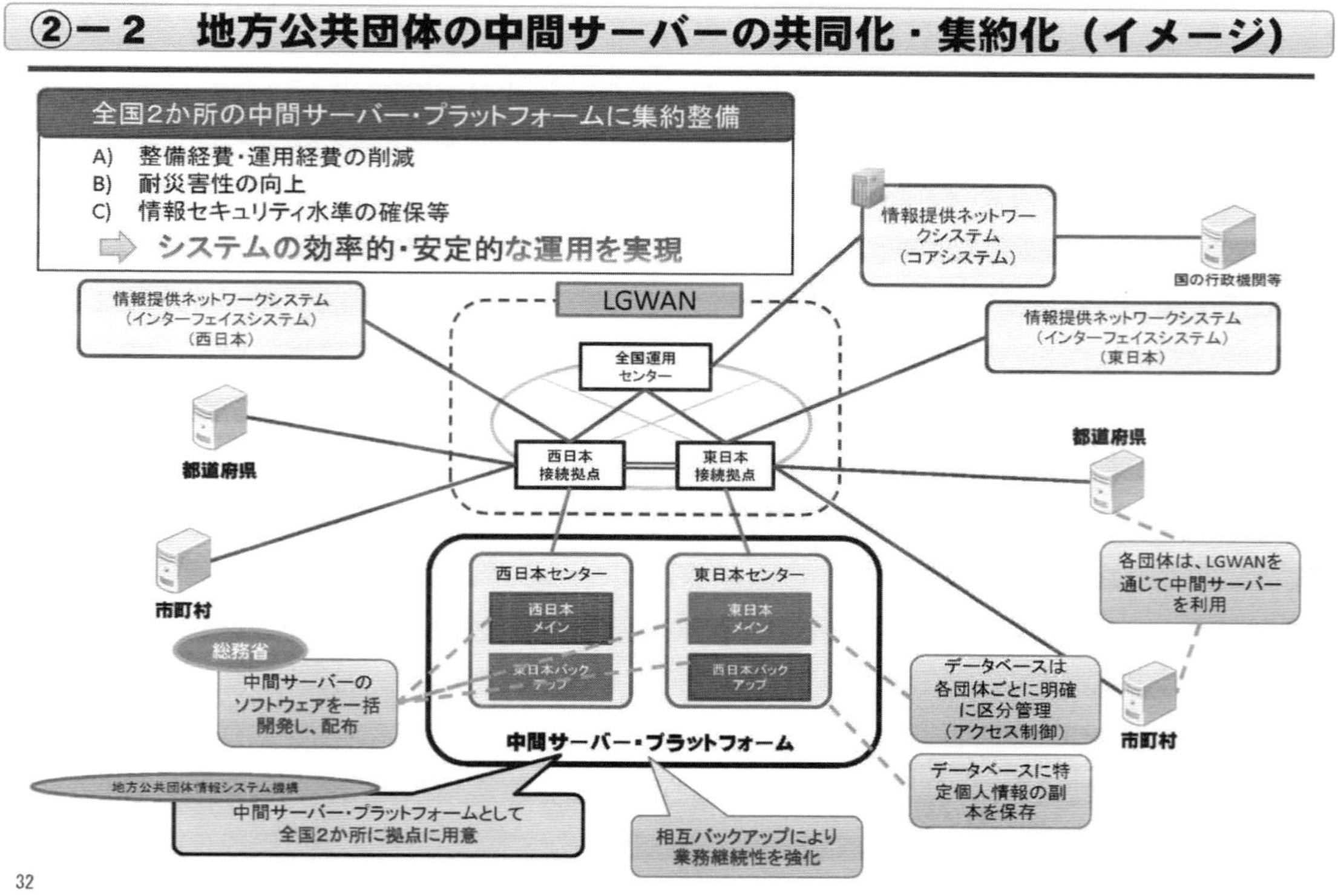

総務省 個人番号を活用した今後の行政サービスのあり方に関する研究会 第１回（2014年7月14日）資料2マイナンバー制度について

いるが、たとえば警察から捜査情報として提供を求められたときに、提供可否の判断にどこまで自治体が関与できるか、機構が判断して提供することにならないか。あるいはテロ対策等の理由で公安機関が番号法の枠外で住民情報にアクセスしても、特定秘密保護法でテロ対策等での情報収集の方法は特定秘密とされるため自治体は察知できないのではないか。アメリカ国家安全保障局がテロ対策を理由に通信回線にアクセスして個人情報を収集していたことが米中央情報局（CIA）のスノーデン元職員により暴露されており、日本でも自衛隊情報保全隊により市民への違法な情報収集（『共通番号制度のカラクリ』〔現代人文社、2012年〕115頁以下参照）が行われていたことをみれば、ありえない話ではない。

また情報漏えいは、ベネッセからの大量個人情報漏えい（2014年）や宇治市住基台帳の漏えい事件（1999年）のように委託先で発生していることが多い。番号法では、再委託、再々委託も個人番号利用機関が監督すれば可能となっているが、機構に委任したあとどこまで自治体が監督できるか。サイバー攻撃を受けると、1億2千万人の住民情報が一挙に漏えいすることにならないか。

コストが安いからとか国が補助してくれるからといって、自治体が安易に住民情報の塊である中間サーバーを機構に丸投げすることは許されない。

図3

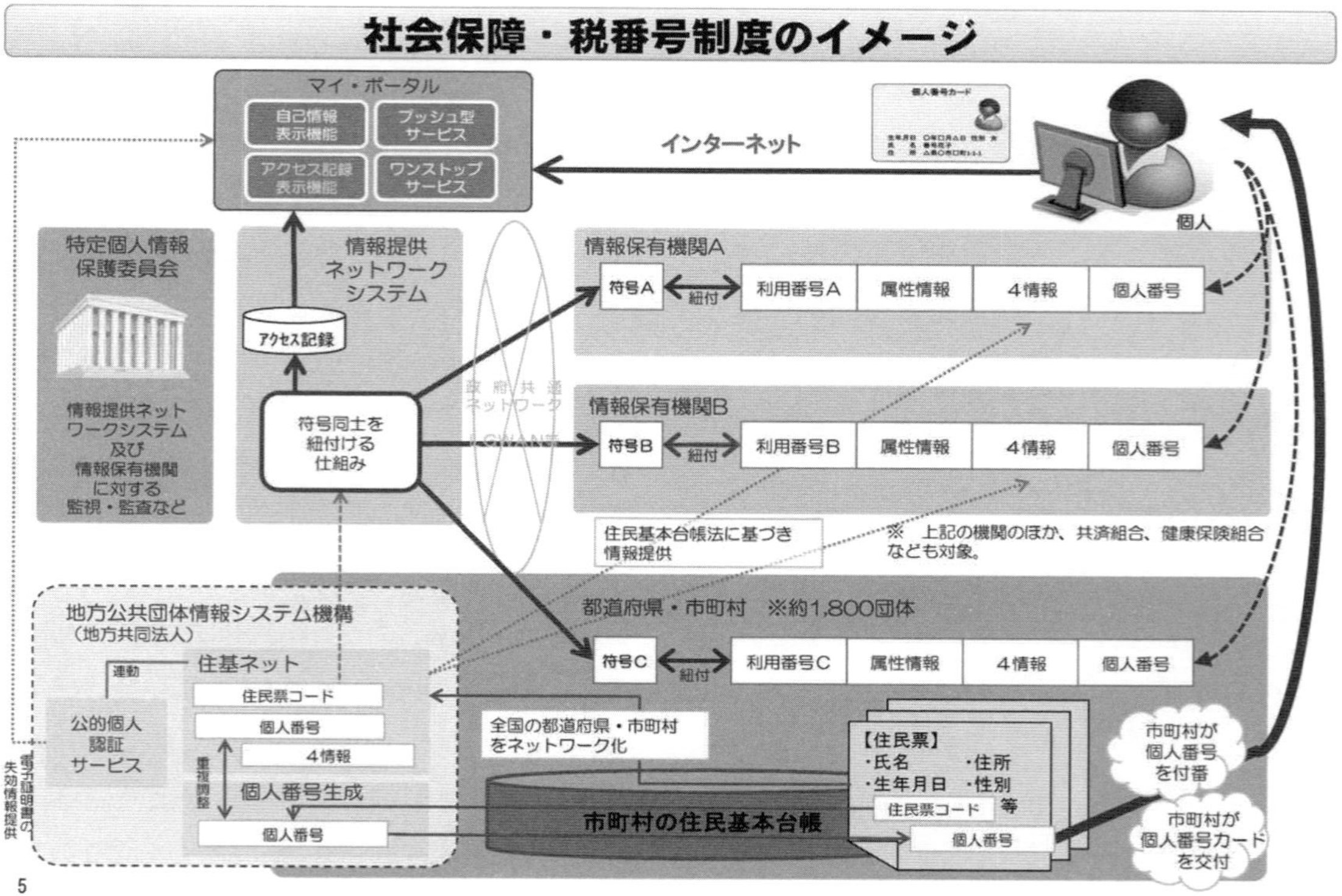

5
総務省 個人番号を活用した今後の行政サービスのあり方に関する研究会 第1回（2014年7月14日）資料2マイナンバー制度について

5　ＤＶ、ストーカー等の被害者住所が提供先から漏えい

住民情報を不正に入手したことによるストーカー殺人等の事件が発生している。市町村では総務省の通達により、ＤＶ（ドメスティック・バイオレンス＝配偶者や恋人からの暴力）やストーカー、家庭内の児童虐待・性的虐待の被害者について、住民票の閲覧制限や住民票写しの交付を拒否する支援措置を講じて、加害者側に住民登録地が伝わらないようにしている。

しかし番号制度がはじまると、地方公共団体情報システム機構が管理する住基ネットから情報保有機関に、最新の基本4情報（氏名、住所、生年月日、性別）が提供される（番号法14条2。図3参照）。この基本4情報の提供は、情報保有機関内でそれぞれの管理番号とマイナンバー、そして情報連携用の符号を紐付けるために必要不可欠な仕組みだ（やぶれっ！住基ネット市民行動『マイナンバーは監視の番号』〔緑風出版、2012年〕82頁～85頁、255頁～267頁参照）。そのため被害者の最新住民登録地が提供先から加害者に伝わる危険性が増大する。

当面提供されるのは、国の省庁や都道府県・市町村の他、独立行政法人や日本年金機構や共済組合、けんぽ協会など公的な機関となっている。しかし今後個人番号の利用が民間に拡大すれば、民間にも提供されることになる。逗子市のストーカー殺人事件では、住民票の閲覧制限をしていても市役所の他の所管から漏洩したが、共通番号制度により全国の広汎な機関に最新の住民情報

を提供した場合、閲覧制限はできず事件の発生を助長しかねない。

6　ＤＶ等の加害者に通知カードが届く危険性

ＤＶ等の被害につながる危険は他にもある。２０１５年10月以降予定されている個人番号の通知方法は未定だが、市区町村から送付先リストを地方公共団体情報システム機構に送り、機構から一括して「通知カード」と「個人番号カード交付申請書」を同封して、住民票住所に転送不要で世帯単位に郵送する方法が予定されている。

この通知カードは単に個人番号を通知するだけでなく、番号法施行規則で規定された顔写真付きの本人確認書類と併せれば、個人番号カードの代わりに本人確認に使える。市町村にとって配達不能で返戻された通知カードの扱いも課題だが、社会生活で必要不可欠となる本人確認書類であるため正しく本人に渡らないと悪用される危険がある。

番号法の国会審議の中で、ＤＶ被害者の通知カードが世帯単位に送られ加害者である配偶者の手に渡ると、取りに来いなどと言われて命にかかわる事態を招くおそれもあるとの質問がされた（２０１３年５月21日参議院内閣委員会糸数慶子委員）。担当大臣は、実態に合った届出を出してもらうよう説明をして住民基本台帳の記録が正確に行われることが必要だが、ＤＶ被害者にどう対処するかは関係自治体とこれから検討していきたいと答弁したが、対策は未定だ。

送付できない特別の事情がある場合は、住民票住所以外に送付可能とする予定だが、支援措置を申請していない場合は市町村も把握できない。また住民票住所以外の送付先を機構に通知すれば、その人がなんらかの「特別な事情」があるという個人情報が機構に伝わることになる。

7 個人番号カードのなりすまし取得は防止できるか

番号法を審議した第183国会では、「共通番号先進国」でなりすまし詐欺被害が深刻な状況にあることが、番号制度への賛否を超えて指摘された。このなりすましの危険に対し、政府は本人確認の際に顔写真つきの個人番号カードの提示を義務付けることや、番号の利用範囲を法律に限定的に規定することで対応すると答弁している。しかしアメリカの社会保障番号も、利用を法律で限定していたが広範に利用されなりすまし被害が拡大しており、結局個人番号カードの提示義務が頼りだ。

しかしそれは個人番号カードが不正取得されたら、被害はいっそう深刻になるということでもある。個人番号カードは住基カードの代わりに市区町村で希望者に交付することになっているが、住基カード10年の経過は不正取得とその防止策のイタチゴッコの連続で、結局、完全な防止はできていない（不正取得事件と国の対策については、前掲書『マイナンバーは監視の番号』１０２頁～１１３頁参照）。

個人番号カードの交付方法は未定だが、住基カードでは原則として申請時と受け取り時の２回来所を求めて本人確認しているものを、通知カードに申請書を同封することで受け取り時の１回の本人確認で済まそうとしている。さらに自民党のマイナンバー利活用小委員会は、多様な申請・交付方法（本人確認郵便、郵便局、金融機関、学校、事業者等）をとるよう提言している。個人番号カードの普及を優先するほど、不正取得の方法も多様になりそうだ。

番号法ではカードの不正取得は、６か月以下の懲役または50万円以下の罰金となっている（75条）。しかし個人番号カードは住基カードと違い法律で本人確認書類とされ、社会生活の様々な場で提示が義務づけられており、悪用する価値も格段に高い。罰則でどこまで防止できるか疑問である。本人確認書類と法定されたことで、不正取得されて被害が発生すると市町村が損害賠償対象となる可能性もある。カードの普及優先より、住基カード以上の慎重な交付を自治体に求めたい。

なお個人番号カードの交付は市町村で行うが、政府はカードの申請・作成などの発行業務を地方公共団体情報システム機構に市町村から委任することを想定している。住基カードのように市町村で発行することも可能だが、委任した方が安価に発行できると推奨している。しかしそのために機構では「個人番号カード用管理ファイル」で個人情報を保管し、事務は委託予定だ。機構から大量の情報漏えいの不安があるとともに、機構では発行のために送られる顔写真データも保管することになっており（機構の「住民基本台帳ネットワーク及び番号制度関連事務特定個人情報保護評価書」27頁）、顔写真データが治安対策で顔認証システムに利用される不安もある。

自治体に危険性を上回る利便性はあるか

このように、番号制度の危険性は解消されていない。では果たしてこれら危険性を上回る利便性の向上が、自治体においてあるだろうか。

内閣官房のサイトに公表されている「番号制度導入によるメリット」には8点が列挙されているが、住民にとっての利便性向上と思われるのは、①各種申請申告時の添付書類の省略と、②マイ・ポータルによる自己情報の入手の2点で、他は行政側の効率化でしかない。また内閣官房の概要資料では、③真に手を差し伸べるべき者に対してのよりきめ細やかな支援が期待されることをメリットとしている。以下、住民にとっての利便性向上とされるこの3点を検討し、最後に自治体行政側もはたして効率化するのか簡単に見ておきたい。

1　各種申請・申告時の添付書類の省略

番号法成立時の国会審議では、窓口での住民の負担がどの程度軽減するか各会派から質問されたが、具体的な説明はなかった。住基ネットの際も申請時の負担軽減が宣伝されたが、そもそも行政への申請はたびたびあることではなく期待外れに終わっている。今回も番号法の立法作業の担当者みずから「個人が行政手続を行う場面は、一生でさほど多くなく、行政手続の際の添付書類削減というメリットのために、多額の税金を投入して番号制度を導入するのは無意味であるとも考えられる」（水町雅子『やさしい番号法入門』〔商事法務、２０１４年〕67頁）と述べているとおりだ。しかも現状では戸籍は番号制度の利用事務ではないため、戸籍書類の添付は従来どおり必要だ。

その一方で番号制度では、就職、年金や手当の受給、税務署への申告などの手続の際に本人確認・番号確認が義務づけられ、個人番号カードなどの提示が必要であり、所持を忘れれば手続できないという新たな負担がある。

じつはすでに多くの市区町村では、管内に居住している住民については、番号制度がなくても市区町村内の情報連携によって、申請時の住民票や課税証明などの書類の省略を実現している。番号制度で新たに省略可能なのは転入者や、その市区町村以外に居住してサービスを受けている人、市区町村で保有している情報以外の添付が必要な場合に限られる。逆に管内居住者にとっては、手続の際にいままで不要だった個人番号カード等の提示が義務付けられることで、かえって不便になるとも考えられる。

2　早くも崩れつつあるマイ・ポータルの利便性

番号制度によるサービス向上の目玉とされているのがマイ・ポータルだ。番号法では「情報提供等記録開示システム」となっており、法施行後1年を目途（2017年1月予定）に設置するとされているが、その具体的内容は法律では示されていない。

内閣官房はその機能として、①情報提供記録表示、②自己情報表示、③プッシュ型サービス、④ワンストップサービスの4点を説明してきた。①はマイナンバーの付いた自分の情報が行政機関でどのように提供されたか確認するもので、番号制度の危険性に対する個人情報保護措置の一つであり、サービス向上というものではない。②は現在行われている個人情報の本人開示を、パソコンでもできるようにするというものだ。③と④は番号制度による利便性向上として盛んに宣

図4

マイ・ポータル

・政府は、法律施行後１年を目途として、
情報提供等記録開示システム（マイ・ポータル）を設置する。
（番号法附則第６条第５項）

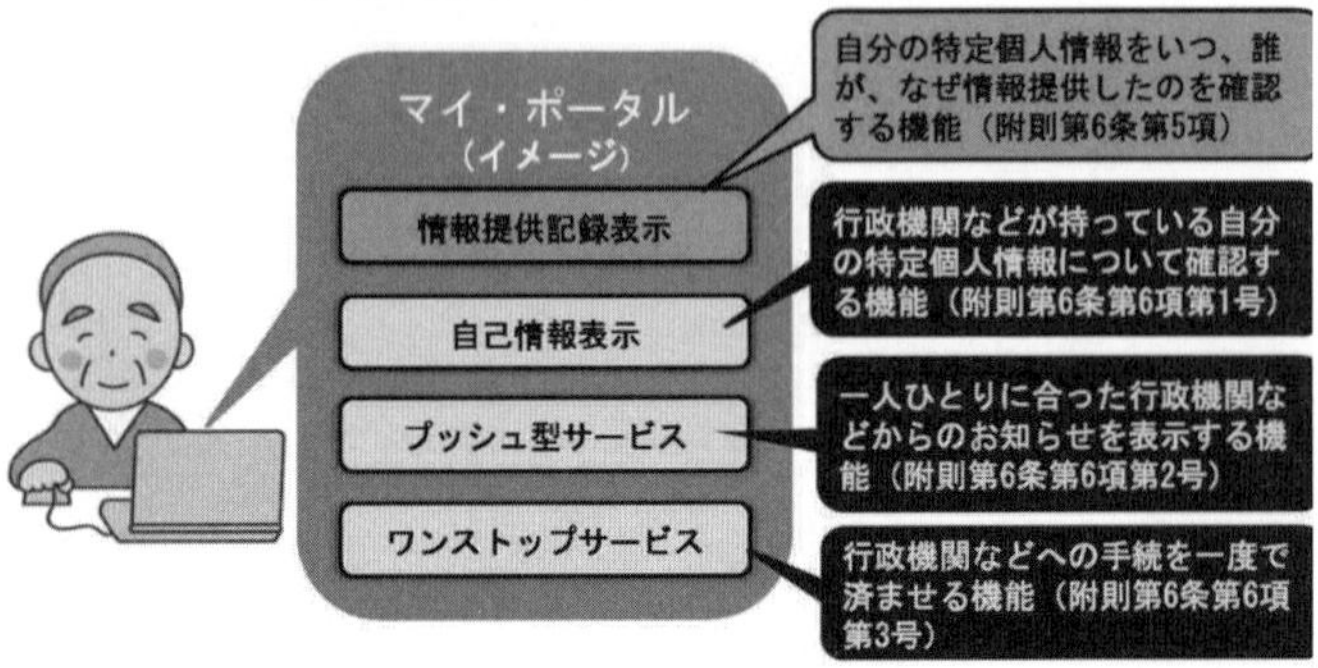

マイナンバー概要資料 平成26年10月版
内閣官房 社会保障改革担当室・内閣府 大臣官房 番号制度担当室

情報提供等記録開示システム

・政府は、法律施行後１年を目途として、
情報提供等記録開示システムを設置する。
（番号法附則第６条第５項）

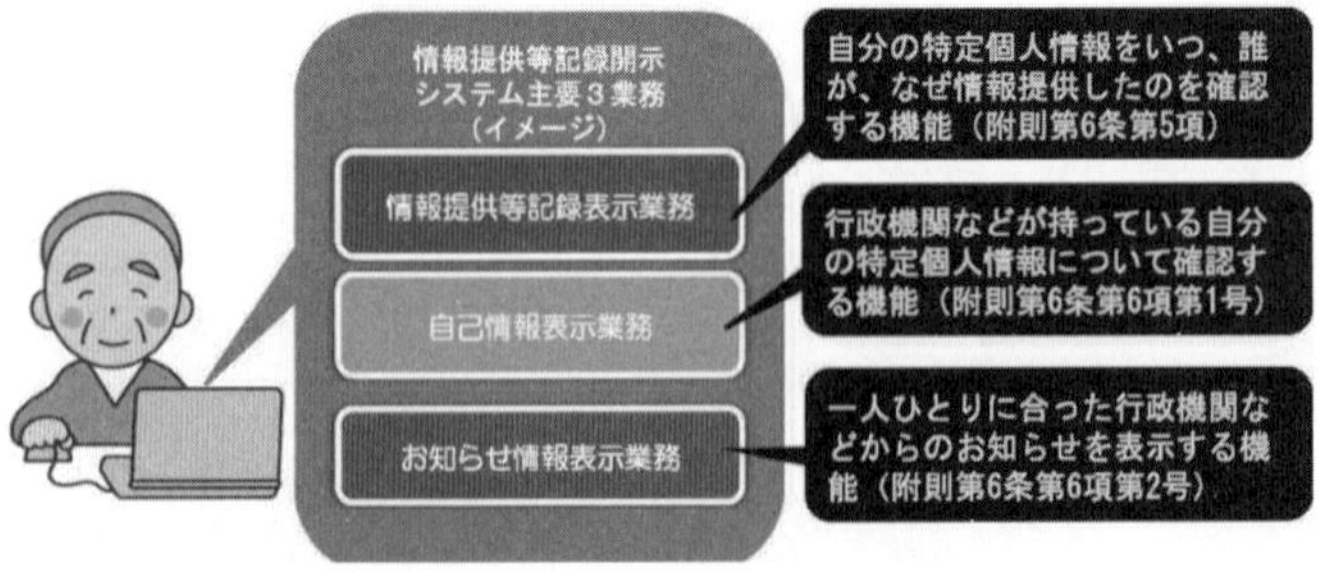

マイナンバー概要資料 平成26年11月版
内閣官房 社会保障改革担当室・内閣府 大臣官房 番号制度担当室

伝されてきた。

しかし内閣官房の情報提供等記録開示システムの設計・開発等業務の調達仕様書（2014年4月）では、なぜかマイ・ポータルの業務として①②③しか記載されていない。内閣官房のサイトに掲載のマイナンバー概要資料でも、2014年の10月更新では4つの機能が記載されていたが、11月更新から主要3業務と表現が変わり、説明もなくワンストップサービスは消えた（図4参照）。サービス向上の誇大宣伝は、はやくも崩れている。

3 「マイ・ポータルは極めて危険度が高い」

このマイ・ポータルはインターネット上の個人用サイトのようなもので、利用は任意だが、あらゆる個人情報にアクセス可能で手続も行えるようになるため、さまざまな課題や危険性が指摘されている。とかく利便性ばかり強調され積極的な利用を考えている自治体もあるため、問題点を詳しく見ていきたい。

(1) 「IT弱者」のデジタル・デバイド（情報格差）

パソコンを使えない人は利用できず、利用できる人との間で情報格差が広がる。政府はマイ・

ポータルにより行政コストを削減できるとしているが、それは行政からのお知らせを紙の通知からマイ・ポータルへと置き換えるからであり、紙の通知に頼る人はますます情報過疎に陥る。任意といっても利用せざるを得なくなるが、パソコンの扱いに習熟していない人が使えば誤操作などのリスクも負う。

政府はこの問題を、公共の場やコンビニなどに置かれる「キオスク端末」の利用で対処しようとしているが、第三者によるのぞき見や個人番号カードを置き忘れて第三者に不正利用されるなどの危険も生まれる。

(2) 本人と利害が相反する任意代理人の危険性

政府が考えるもう一つのデジタル・デバイド対策が、任意代理人による操作を認めるというものだ。しかし政府の担当者である向井治紀内閣官房社会保障改革担当室審議官も、代理人が操作する危険性をこう指摘していた。

「マイ・ポータルというのは極めて危険度が高いです。逆に言うと自分の情報を全部見ることができてしまうというのは極めて危険度が高いので、そういう意味では代理をする場合でも、やはり一定の非常に高いセキュリティー、あるいは厳格な要件を設けざるを得ないと思っています。」（番号制度シンポジウム・２０１１年11月25日鳥取会場議事録45頁）。

しかしこの厳格な要件や非常に高いセキュリティーは、未だに示されていない。要件を厳しくすればデジタル・デバイド対策にならないというジレンマをどう解決するか。

自治体からは、任意代理人が認められていることへの不安も示されている。番号制度に伴う個人情報保護条例の改正を検討している東京都の情報公開・個人情報保護審議会では、都の担当者から本人情報開示申請の際に本人と親権者や後見人など法定代理人の間に、明確な利益相反がある事例が最近大変増えてきていると報告されている。児童虐待をした親が子の情報を法定代理人として請求するケースやＤＶ等で母親が子を連れてシェルターに逃げているのを探索目的で請求する例などだ。

法定代理人では戸籍抄本や登記簿証明で確認し、本人と法定代理人の間に明確な利益相反がある場合には都は非開示にしているが、任意代理人の場合、委任状には偽造もあり関係の確認も容易ではない。現在は法定代理人にしか開示の代理を認めていないが、番号制度では税理士や社会保険労務士などにも任意代理人が広がり、本来、一般の個人情報より厳格な保護措置を講じるべき特定個人情報の方が規制がゆるやかになるという矛盾を生じる。都の担当者は「私どもも、この法律が公布されたときからその辺の問題点につきまして、様々な形で国にも要望を出してきたんですけれども、法律としてこういうふうに定まってしまった」と語っている（2014年11月21日審議会議事録）。

⑶　不正閲覧で個人の情報がすべて漏洩

番号法を審議した2013年の衆議院内閣委員会では、各会派よりマイ・ポータルからの漏えいの危険性が指摘された。自民党豊田真由子委員や共産党赤嶺政賢委員から、個人番号カードとパスワードが不正に入手されてしまえば別人の個人情報が見れてしまうのではないかと質問され、政府の担当者は「マイポータルはアクセスさえできてしまえば、ある一人の番号つきの情報が全て得られる」と答えている（3月27日、4月24日）。

またインターネットでアクセスするためセキュリティーの面では一段落ちる危険性があるのではないかとの民主党荒井聰委員の指摘には、「マイポータルに関してはインターネットとの接続口が必ずできてしまう。その点についてはおっしゃるとおり、セキュリティーの面では一段落ちる危険性がございます」と認め、最新の技術できちっとした設計をしたいとと答弁している（4月3日）。

さらにみんなの党（当時）の大熊利昭委員から詐欺の危険として、例えば老人宅に訪問して「法律が通ったから全員パソコンでいろいろやらなきゃいけないんですよ」とだまし、犯人がパソコンを持ってきて、「かわって手続をやってあげましょう」というようなことが起きないかと聞かれ、「番号制度があるなしにかかわらず、そのような不正、詐欺事件というのは起こり得る」と答弁している（4月3日）。しかし振り込め詐欺被害が急増している中で、マイ・ポータルは詐欺グループにとっても便利な道具になる。

⑷　プッシュ型サービスの抱える問題

「申請主義」から「お知らせ主義」へ、と宣伝されるプッシュ型サービスも問題がある。民間でも活用することが想定されているが、以前政府が検討した「電子私書箱」では、たとえばファイナンシャル・プランナーに年金などの情報を提供して資産活用のお知らせをしたり、フィトネスクラブに健診データを提供して運動や健康の指導を受けるなど、行政の保有する個人情報を民間企業に開放して新たなビジネスの創出を狙っていた。

マイ・ポータルに売り込みや宣伝が押し寄せれば、必要な行政情報にたどりつくのは難しくなるばかりか、消費者被害につながるおそれもある。また行政からの通知には、個人の権利行使に関わるものもあるが、通知に気づかず手続しなければ「お知らせしたのに手続しなかったあなたの責任」とされる。法的効力の整理も未解決だ。

そもそも社会福祉制度の受給対象者であることを、番号制度で調べて行政から通知するという「お知らせ主義」はどこまで可能だろうか。所得把握の難しさや資産が番号制度で把握できないことなどを別にしても、所得などの要件だけで給付を判断できるほど福祉制度は簡単ではない。心身の状態や生活・資産状況、親族関係、生活歴・病歴などあらゆる個人情報に番号を付番して情報提供を受けてデータ・マッチングすれば判断の精度は高くなるだろうが、それではプライバシー侵害も深刻になる。仮にそこまでしても受給の判断には運用や解釈の幅や変化もあり、結局は対面での相談が必要になる。該当するかもという通知を受け取って窓口に行ったが、調べたら対象外だと言われて納得できるだろうか。

さらに福祉は権利かサービスか、という本質的な問題もある。申請なしに行政側が給付対象を判断して給付するようになれば、「よくわからないがお金がもらえた」になり、制度を理解できなくなり福祉を権利として勝ち取り守る力が失われるおそれがある。国家レベルで番号制度によりデータ・マッチングし対象者を見つけ出すという壮大なシステムより、「申請」という行為を権利行使に必要な行為としてとらえ、地域のつながりや自治体や関係機関で申請を支える対面のサービスを充実して、制度への理解を深めることが福祉には必要ではないか。

(5) ワンストップサービスでマイ・ポータルは必要か

ワンストップサービスは、すでに個々に行われている電子申請を一括して行えるようにするものだが、番号制度がなければできないということではない。手続をまとめたポータルサイトによってもっと簡便に実現する。

電子申請の拡充は、従来のサービスに上乗せして行われるなら、役所に手続に行くことが困難な人などにメリットはあろう。しかし費用対効果を指摘されて対面サービスがスクラップされがちだ。自治体でも、コンビニでの証明書類の交付開始で出張所が統廃合されたり、コールセンター設置で相談窓口が減らされたりしている。行政手続は窓口で説明を聞きながらでないとわかりにくいものも多く、窓口の減少はサービスを低下させる。

(6) データ・マッチングの仕組みの治安的利用の可能性

マイ・ポータルは、これ自体が特定個人の情報を集約するデータ・マッチングの仕組みだ。情報連携の仕組みを個人番号を直接用いず符号を用いて個人情報の芋づる式の漏えいを防止するなど複雑に作っても、このマイ・ポータルの仕組みを使って個人情報を一覧することは可能であり、違法なアクセスを行政機関や警察などが行わない保障はない（本書第3章参照）。

前述のスノーデン元職員によって米国家安全保障局（NSA）があらゆるコンピュータシステムに侵入して個人情報を収集していたことが暴露されているように、国家による不正アクセスは法制度による安全措置では防止できない。

4 「真に手を差し伸べるべき者」に過酷な番号制度

(1) 低所得者対策のはずが、給付抑制と徴収強化へ

番号制度は「真に手を差し伸べるべき者に対しての、よりきめ細やかな支援」になるのだろうか。

番号制度の導入理由の一つは、消費税増税で打撃を受ける低所得者への対策として「給付付き税額控除」実施のためだった。しかし現在この低所得者対策は軽減税率導入に焦点が移っており、そもそもの「社会保障・税番号制度」の導入目的が変質している。

もう一つ、低所得者対策として民主党政権の法案提出時に言われたのは「総合合算制度」だ。社会保障費負担の軽減のために、制度単位ではなく家計全体をトータルに捉えて、医療・介護・保育・障害に関する自己負担の合計額に上限を設定する制度と説明されてきた。しかし実現のためには、所得や給付内容を照合する情報連携の整備や軽減分の財源確保などの他、資産の扱いや

制度毎に異なる「世帯」のとらえ方など難問山積で、その後検討は進んでいない。

むしろ自民党政権になってからは、番号制度を医療や福祉の抑制や徴収強化に使おうとする動きが強まっている。日本経済新聞が２０１４年６月18日朝刊一面で報じた「共通番号で医療費抑制　マイナンバーで投薬など管理　政府方針」は、マイナンバーで集めた医療情報をビッグデータとして分析するというものだが、個人単位の投薬のチェックなどに向かうだろう。番号法の利用事務の省令では、住基ネットでは利用を控えていた債権回収での利用が、奨学金回収で規定された。

民主党政権が行った番号制度シンポジウムの初回では、会場から総合合算制度について、負担の軽減とは逆に利用を抑制することに使われるのではないかと質問され、峰崎直樹番号制度創設推進本部事務局長は「逆に使われることもあるのではないかと。率直に申し上げて、それは政治の問題だと思うのです。……小さい政府に持っていって社会保障は自立自助でいったほうがいいのだというふうに思っている人たちが政治の実権を握った場合には、そちらに行くだろう。」と答えていた（２０１１年5月29日・東京会場議事録42～45頁）。政権次第で、負担と給付を個人単位で把握して負担に見合った給付に抑制するために利用可能であることを認めたが、まさにそのとおりになりつつある。

(2) 真に手を差し伸べるべき者への「きめ細やかな監視」

「真に手を差し伸べるべき者」としてまず思いつく生活保護を受けている者に対しては、2013年12月に改正された生活保護法で、不正の防止や健康管理指導のために福祉事務所から関係機関への調査権限が強化され、官公署等に調査への回答を義務付けた。番号法でも2014年12月に公布された別表第二の省令19条では、生活保護の実施、開始、変更、停止、廃止のために関係機関に給付や手当などの情報提供を義務付けた。当面は要保護者等が対象だが、同時に扶養義務者への照会も強化されており、将来的には扶養義務者の情報の提供もありうる。

番号法の利用事務・情報連携事務を規定した別表には、社会福祉サービスの費用徴収のための利用が数多く載っている。生活保護に限らず福祉受給者への調査を強化し、「真に」手を差し伸べるべきか否かの厳しい仕分けや費用負担・扶養義務の強化に、番号制度を活用していくことが予想される。

「社会保障・税番号大綱」では、番号制度が必要な理由として現状では「真に手を差し伸べるべき者に対するセーフティネットの提供が万全ではなく、不正行為の防止や監視が必ずしも行き届かない状況にある。」(3頁)と述べていた。「真に手を差し伸べるべき者」に対しては、きめ細やかな支援よりもむしろ「きめ細やかな監視」に活用されそうだ。不正の防止は必要だが福祉受給者を不正予備軍とみなして監視するような制度が、基本的人権を保障するものと言えるだろうか。

(3) 住民登録できない人が社会生活から排除？

自治体にとって大きな課題になるのが、住民登録がない人へのサービス提供だ。今回の番号制度は住基ネットを基礎とし、住民票コードを変換して個人番号を生成し、住基ネットから基本4情報を提供され、住民登録ある者に本人確認用のカードを交付することを制度の前提としている。しかし社会保障サービスの受給者には、住民票コードのない人（住基ネット稼働前から住民登録を喪失している人、海外居住で年金等を受けている人、外国人登録制度廃止後に住民登録できなかった人など）や、住民登録できない人（居所を失い住民登録を消除された人など）、住民登録の不明な人（認知症その他身元不明で保護された人など）、DV・ストーカー被害、借金、施設入所、被災などで住民登録地と異なるところで生活せざるをえない人など、住基ネットでは把握できず、カードも受け取れない人が少なくない。居所を失うという「真に手を差し伸べるべき」状態にある人が、行政から見えなくなってしまう。

住民登録がない人にも番号制度ができても変わらずに同様のサービスを提供するとされている

が、それをこの番号制度の仕組みの中でどのように保障していくのか明らかでない。従来と異なり番号制度で統一的な個人管理が行われることでサービスを受けにくくなり、権利法益が侵害されることが危惧される。政府は「実態に合った届出をしてもらい住民基本台帳の記録を正確に」と言うばかりで、住民登録ができない現実をふまえた対策を示していない。

「番号制度は、国民が国や地方公共団体等のサービスを利用するための必要不可欠な手段」と「社会保障・税番号大綱」は述べている（6頁）。個人番号カードを持っていないことで制度上または制度運営上、公的サービスから閉め出される方向に働き、カードを持てないなんらかの事情を抱えている弱者を排除し新たな差別が生まれる、共通番号制度は個人番号がない人には生活できない社会をつくりあげる意図をもった制度だ、とさえ指摘されている（清水勉・桐山桂一『「マイナンバー法」を問う』（岩波ブックレット、2012年）13頁）。

5　自治体行政は効率化するのか

番号法は、行政の効率化を目的としている（1条目的）。番号制度によって行政が国民管理をしやすくなるのは当然だが、それは行政にとってのメリットであり、住民にとってのメリットとはいえない。

しかし地方自治体にとって、果たして本当に行政が効率化するだろうか。マイナンバーが付番されていることで、他の行政機関から情報を受けるときに名寄せがしやすくなるメリットはある。その一方で、情報連携のための新たなシステムの構築や運用、個人情報保護のための措置など負担も増える。

窓口の負担も増えそうだ。内閣官房のサイトには地方公共団体向けQ&Aが載っているが、例えば個人番号を利用できない事務で個人番号の記載された住民票の写しが提出された場合はどうすればよいかの問いに、住民票の写しを受け取ることはできない、提出された場合には個人番号の部分にマスキング処理するという回答がされている。その他「窓口で申請者が個人番号の記載を拒否している場合」「申請者が個人番号カードや通知カード、運転免許証などを所有していないため、本人確認を行えない場合」など、窓口でのトラブルが増えそうだ。番号法で厳しく規定しているため、来客に納得してもらうしかない。

事務の効率上、大きな負担になりそうなのは条例の制定だ。市区町村では従来から自治体内で使用する住民番号を使って、個人情報保護条例の手続をしながら庁内で住民情報を連携している。その事務に番号法によって個人番号が付番されると、それは「特定個人情報」になり番号法の規律に従わなければ違法となる。正当な理由なく特定個人情報を提供すると4年以下の懲役及び二百万円以下の罰金であり、地方公務員法の秘密漏えいより重罰化されている。

番号制度では、番号法9条に載っていない事務は利用できない。自治体は社会保障、税、災害に関する事務について必要なら条例を定めなければならない。また利用が認められている事務でも、市長部局と教育委員会の間で従来どおり情報を連携しようとすると、番号法19条9号の条例を定めなければいけない。市長部局の中でも、事務を超えて照会していると番号法9条2号の条例を制定しなければ利用できない。しかもその事務に個人番号がついていなくても、庁内連携で個人番号が分かるようになっていれば特定個人情報として扱われるため、どの事務が該当するのかもわかりにくい。個人番号が付かない方が、庁内の情報連携は円滑にできそうだ。

住民の立場からどんな取組みができるか

以上、自治体に関わりが大きな点を見ても、番号制度は危険であり利便性には疑問がある。私たちはこのような番号制度はやめるべきだと考えるが、実施となった場合にも自治体に対して危険性を防止するための措置と個人情報保護を最優先に慎重な対応を求めていかなければならない。

以下、番号制度開始に向けた自治体の準備を見た上で、住民の立場から自治体に対してできる取組みを考えてみたい。

1　番号制度の実施に向けて必要な自治体の準備

(1)　自治体で必要な導入準備

番号制度は、2015年10月に番号の通知（通知カード送付）、2016年1月に個人番号の利用（申請書への記入等の義務化）や個人番号カードの交付（任意）の開始、2017年1月に情報連携やマイ・ポータルの利用開始が計画されている（自治体の情報連携は2017年7月から予定）。

地方自治体ではこの開始までにシステムの改修（住民基本台帳や税務、福祉などのシステム改修、中間サーバーの設置、団体内統合宛名システムの整備等）、番号通知や個人番号カードの交付体制の整備、特定個人情報保護評価の実施、個人情報保護条例の改正、住民へのPRや職員の研修など多くのことを行わなければならない。そのためには番号制度によって影響を受ける既存の事務の洗い出し、庁内関係課による実施体制の整備、予算措置や業者への発注などが必要になる。2015年7月からは市区町村で住民に仮付番が始まる予定で、日程はきわめて厳しい。

(2) 国の準備の遅れで苦慮する自治体

東京都市長会は2014年8月21日、総務大臣に「社会保障・税番号制度の円滑導入のための支援に関する緊急要請」を行った。国の準備が当初の予定より大幅に遅れているため市町村はその対応に苦慮しているとして、番号制度導入の開始時期を含めスケジュールの再検討を行うことを求めている。国の準備の遅れに困っているのは、全国の自治体も同じだ。

自治体などの準備のためには、番号法の実際の運用を規定する政令や省令の公布が必要だが、これが著しく遅れている。2013年8月の自治体向け説明会で国は、番号法施行令や施行規則、利用事務と情報連携事務を定める主務省令を年内に公布すると説明していた。ところが、個人番号やカード、情報提供などの政令委任事項を定める施行令の公布は2014年3月に、本人確認の方法などを定める施行規則は2014年7月に公布が遅れた。主務省令にいたっては、利用事務を定める番号法別表第一の省令が2014年9月に、情報連携事務を定める別表第二の省令が2014年12月に1年遅れでやっと公布されたが、いずれも一部事務についてだけで、年金等を含めた残りは2015年1月13日現在まだ案も示されていない。

システム整備関係も大幅に遅れている。自治体が情報連携する要になる中間サーバーのソフトウェアは、総務省が2014年3月までに開発する予定だった。しかし2013年11月に開発業務を落札した業者が辞退し、２０１４年１月に再入札で業者が決定したものの開発は１年遅れている。さらに共同化・集約化する中間サーバー・プラットフォームと自治体との調整をする管理支援業務は、２０１４年11月に入札を行ったが入札者がなく決まっていない。

また自治体が独自利用事務で自治体外と情報連携するためには、特定個人情報保護委員会規則によらなければならないが、この規則の制定も２０１５年３月に予定されているため、自治体は独自利用の検討ができない。

システムはいったん作られれば容易に変更はできない。このままスケジュール優先で進めば、住民のニーズもふまえず自治体からの指摘も考慮せずにスタートして失敗した住基ネットの二の舞になる。自治体として十分な検討と住民意見の反映を保障するためには、実施を延期させるしかないところにきている。

⑶ 「団体内統合宛名システム」整備の難しさ

自治体のシステム整備で特に重要なのは「団体内統合宛名システム」だ。市区町村では住民基本台帳法により住民情報を独自に付番した住民番号で管理しているが、サービス対象者には住民ではない人（住登外者）もいる。かつては外国人登録者に住民登録はなく、通知の送付やサービス提供の必要から住民登録者・住登外者を含めた「宛名システム」を整備してきた。住民登録を利用できない都道府県は、業務毎に対象者の宛名システムを整備してきた。これらはあくまで事務上の必要のためであり、法的根拠はなく宛名システムの作り方も様々だ。

今回番号制度を導入するために、個人番号（情報連携用符号）と番号制度の対象となる者を一対一で紐つけることが必須となった。そのため様々に作られた宛名システムを「団体内統合宛名システム」として整備し、個人に重複なく付番された団体内統合宛名番号＋個人番号＋宛名情報を管理することが推奨されている。そして中間サーバーでは、団体内統合宛名番号と情報連携用符号を紐つけて個人識別をすることになっている。

しかし宛名システムは事務上の必要で作られてきたため、重複して個人が登録されていたりする。一対一で紐つけるためにはこの重複をなくす「データクレンジング」が必要になるが、必要に迫られて付番する性質上、常に重複なく正確に行うことには困難がある。また住民票コードがない人や不明な人の場合、住民票コードから個人番号・符号を生成することができない。自治体の情報連携を支える団体内統合宛名システムの実務には難しい課題がある。

2　自治体に対して何を求めるか

番号制度は番号法によって実施が決まっており、国の事務だから自治体は国に言われることをやるしかない、と思われがちだ。しかし国の事務（法定受託事務）であるのは個人番号の付番と個人番号カードの交付だけであり、その他は自治事務として自治体の責任で行われる。番号制度で提供される特定個人情報は自治体が保有する住民情報であり、その管理責任は自治体にある。住民の福祉の増進を図ることを基本とする自治体に、住民自治・団体自治という地方自治の本旨をふまえ、住民の基本的人権を守るために必要な措置を求めたい。

(1)　番号制度の中止・廃止や延期・施行凍結を、国に要望させる

番号制度の危険性への対策は不十分であり、対策をとる時間的余裕もない。

(2)　番号制度の危険性を認識させ、個人情報保護のための措置を検討させる

いままで述べてきた警察等への提供の規制、ＤＶ等の被害や差別的利用など不利益扱いが予想される場合の提供拒否など自己情報コントロール権の保障、中間サーバーや個人番号カードの発行を共同化・委任せず自治体内での責任をもった対応、ＤＶ等被害者への番号通知カード

の送付方法、個人番号カードの不正取得の防止、「ＩＴ弱者」や住民登録がない等の人が不利にならない仕組みなど、自治体としてできること、やらなければならないことの検討と実施を求めたい。

(3) 番号制度の利便性や費用対効果を検証させる

政府は現在に至るまで、番号制度にかかる費用を明らかにせず、費用対効果も示していない。番号制度により自治体及び住民の負担が軽減するのは何で負担増は何か、自治体の現実から検証し番号制度の不合理を明らかにしていくことで、中止廃止や見直しにつなげていきたい。

番号制度構築にかかる経費については、国は住民基本台帳システム改修や中間サーバー、団体内統合宛名システム、国民年金・特別児童扶養手当の改修は全額国庫補助し、地方税務システムやその他の社会福祉システム改修は２／３を国庫補助すると自治体に示していたが、実際の財政措置は大きく後退し市町村に多額の費用負担が生じていることが、前述の都市長会をはじめ自治体から指摘されている。自治体負担＝住民の負担が大きくなれば、費用対効果はいっそう厳しく問われなければならない。

(4) 利用拡大や独自利用は慎重にさせる

番号法では条例を定めることにより、次の地方自治体の独自利用が可能になっている。

①番号法別表第一で規定された事務以外での個人番号の利用(9条2項)
ただし利用は社会保障、税、防災の関連事務に限定され必要な限度内
②個人番号を使った庁内での情報連携(9条2項)
③個人番号を使った同一自治体内の他の機関への提供(19条9号)
④個人番号カードの空き領域の独自利用(18条)
その他法令は未整備だが、マイ・ポータルの独自利用も考えられる。

国は番号制度や個人番号カードの普及のために、自治体が積極的に独自利用するよう求めているが、番号制度の危険性を考えれば極力利用しないようにすべきだ。費用対効果の面でも経費に見合った利便性があるのか、住民ニーズがあるのか、厳しく検証しなければならない。

②③は現在の事務を行うために必要になる場合もあるが、個人番号を利用することでかえって自治体内での情報連携がしにくくなるおそれもあり、利用しないに越したことはない。

(5) 条例改正で個人情報保護を後退させない

番号法では独自利用のための条例以外に、番号法で個人情報保護措置の「読み替え」規定をしている部分は、同様の内容を自治体は条例で定めるよう求められている（29条〜31条）。

特定個人情報（個人番号がついた個人情報）は、その他の個人情報よりもいっそう厳格な扱いが求められる。それは個人番号に強力な個人識別能力があり、漏えいや不正利用によってより深刻な被害が起こるからだ。そのための番号法の規定だが、条例改正を検討している都の審議会では、個人情報の範囲が「容易に照合することができる」場合に限定され現状より狭くなること、任意代理人を認める危険性、現在禁止されている再委託が認められていることなど、今の個人情報保護措置より緩くなる点も指摘されている。

さらに自治体が国民総背番号制に不安を抱く住民の声を受けて作り上げてきた「オンライン結合による個人情報の外部提供」の原則禁止規定や、住基ネットでの基本的人権侵害を防止するために作られた「住基ネット条例」などが、条例改正によって改悪されるおそれも出ている。東京都情報公開・個人情報保護審議会の条例改正案中間まとめ（２０１４年12月14日）では、オンラインによる保有個人情報の提供を原則禁止から原則可能に転換する案が出されている。この審議会の会長が共著者である『自治体職員のための番号法解説　実務編』（第一法規、２０１４年）では、「番号法19条各号に列挙された場合であれば、特定個人情報のオンライン結合等を可能とするよう定めることが求められる」（１３９頁）とされており、番号法19条12号によって自治体から警察等にオンラインで個人情報が提供される危険性もある。

個人情報保護を後退させず、むしろ強化するための措置の検討を求めたい。

(6) 住民への具体的な説明や情報公開をさせる

番号制度は住民の生活や権利に大きな影響を及ぼす「社会基盤」だが、ほとんど知られていない。具体的にどのような変化が起きるのか、番号制度の危険性をふまえながら住民に説明することが求められる。また情報連携のシステムなどほとんど公開されていないが、番号制度が合憲かどうか検討するためにはシステム内容の検討は必要だ。積極的な情報公開を求めたい。

3 住民としてできること

(1) 特定個人情報保護評価に多くの意見を出す

特定個人情報保護評価は、番号制度の危険性に対して新設された個人情報保護策の一つだ。被害が起きてから回復することは困難であるために、利用機関が事前に利用事務のリスクを分析し対策を講じるとともに、国民・住民に分かりやすい説明を行い、番号制度に対する国民・住民の信頼を確保することを目的とする。しかし「評価書」は市民に分かりやすい内容とは言えず、これで信頼を確保できたとはとても言えない。

対象人数が30万人以上の事務などがある自治体では意見募集（パブリック・コメント）が義務づけられており、意見を十分考慮して必要な見直しを行うことが「特定個人情報保護評価指針」で求められている。番号制度では、唯一の制度的な意見表明の機会だ。実施される自治体では番号制度は「信頼できない」という声を、警察等への提供など問題点を指摘して伝えることで、治安的利用や民間等への利用拡大をくい止めよう。

(3) 住基ネット反対運動の経験を生かす

2002年に住基ネットが始まったときには、番号通知の返上や自治体への抗議が相次ぎ、全国で個人情報保護条例による利用・提供の中止請求、費用対効果についての住民監査請求、自治体に対する裁判など様々な取組みが展開された。その経験を振り返りながら、効果的な運動を検討しよう。

（はらだ・とみひろ）

第5章

共通番号「カード」が医療等分野に与える影響とは

知念　哲
神奈川県保険医協会　事務局主幹

はじめに

2013年5月に成立した共通番号法では、医療・介護・健康などに関する個人情報（以下「医療等情報」）について、その機微性の高さから共通番号の対象には盛り込まれなかった。しかし共通番号の施行を待たず、政府・与党や財界では施行3年後の範囲拡大に向けた検討が進められており、医療等情報は常にその議論の俎上に載せられている。

医療・介護・健康などの分野（以下「医療等分野」）ついては、民主党政権時代より独自の番号制度による情報連携・運用の検討が続けられている。しかし、そこでも共通番号と完全に切り離された議論はなされず、コスト面を理由としたインフラの共有など、医療等情報との密接な関係が築かれようとしている。

本章では、共通番号やそのインフラが医療等情報とどのように関わり紐付けされるのか、またその問題点や政府・財界の狙いなど、紐解いていきたい。

個人番号カードが健康保険証に⁉

医療等分野の独自の番号（以下「医療等ＩＤ」）による医療等情報の連携・共有・活用については、現在、厚生労働省の「医療等分野における番号制度の活用等に関する研究会」が中心的に議論。２０１４年12月10日には「中間まとめ」が公表された。

この中で最も注目すべき事項は、具体的な利用場面としてあげられた「①医療保険のオンラインでの資格確認」（表1）。現在、医療機関が患者から手渡された健康保険証により視認・手作業で行っている医療保険の資格確認を、オンラインで電子的に処理するというものだ。中間まとめの参考資料では「あくまで一例」とするものの、具体的な仕組みとして2案を図示。どちらの案も、２０１６

表1

医療等分野での番号による情報連携が想定される利用場面（ユースケース）

※共通番号に限定しない、医療等分野での番号を用いた情報連携

①医療保険のオンライン資格確認
②保険者間の健診データの連携（資格異動時の健診データの活用等）
③医療機関・介護事業者等の連携（地域レベル、複数地域間での連携）
④健康・医療の研究分野（追跡研究、大規模分析）
⑤健康医療分野のポータルサービス（医療健康履歴の確認、予防接種の案内）
⑥全国がん登録

※2014年12月10日　厚生労働省「医療等分野における番号制度の活用等に関する研究会　中間まとめ：参考資料」より

年1月から自治体が国民に任意配布する共通番号の「個人番号カード」に、保険証の機能を付与し活用するとしている（図1、2〔次頁〕）。

具体的には、個人番号カードのICチップの領域に記録された、共通番号や医療等IDとは異なる符号（又は電子証明書）を鍵として、医療機関と「資格確認サービス機関（仮称）」と医療保険者の3者をネットワークで結び、情報連携を行う。医療機関と資格確認サービス機関を結ぶネットワークは、医療機関が診療報酬請求明細書（レセプト）のデータを送る「オンライン請求」の回線の活用を想定。資格確認サービス機関と医療保険者間のネットワークは、共通番号のインフラ活用が想定されている。

中間まとめでは、この仕組みについて「共通

図1

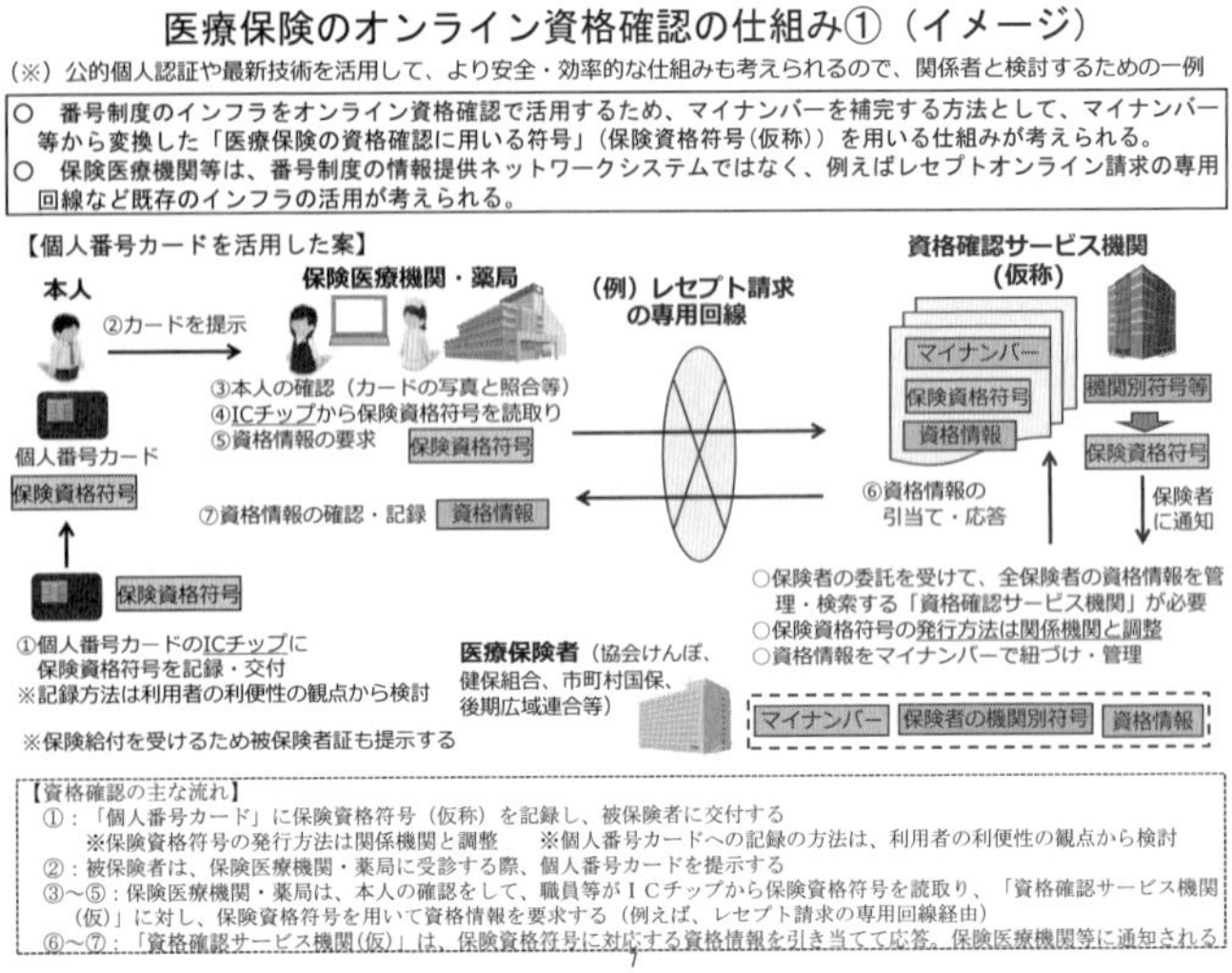
医療保険のオンライン資格確認の仕組み①（イメージ）
（※）公的個人認証や最新技術を活用して、より安全・効率的な仕組みも考えられるので、関係者と検討するための一例
○ 番号制度のインフラをオンライン資格確認で活用するため、マイナンバーを補完する方法として、マイナンバー等から変換した「医療保険の資格確認に用いる符号」（保険資格符号（仮称））を用いる仕組みが考えられる。
○ 保険医療機関等は、番号制度の情報提供ネットワークシステムではなく、例えばレセプトオンライン請求の専用回線など既存のインフラの活用が考えられる。
【個人番号カードを活用した案】
本人
②カードを提示
保険医療機関・薬局
③本人の確認（カードの写真と照合等）
④ICチップから保険資格符号を読取り
⑤資格情報の要求
保険資格符号
⑦資格情報の確認・記録
資格情報
個人番号カード
保険資格符号
保険資格符号
①個人番号カードのICチップに保険資格符号を記録・交付
※記録方法は利用者の利便性の観点から検討
※保険給付を受けるため被保険者証も提示する
（例）レセプト請求の専用回線
資格確認サービス機関（仮称）
マイナンバー
保険資格符号
資格情報
機関別符号等
保険資格符号
⑥資格情報の引当て・応答
保険者に通知
○保険者の委託を受けて、全保険者の資格情報を管理・検索する「資格確認サービス機関」が必要
○保険資格符号の発行方法は関係機関と調整
○資格情報をマイナンバーで紐づけ・管理
医療保険者（協会けんぽ、健保組合、市町村国保、後期広域連合等）
マイナンバー
保険者の機関別符号
資格情報
【資格確認の主な流れ】
①：「個人番号カード」に保険資格符号（仮称）を記録し、被保険者に交付する
※保険資格符号の発行方法は関係機関と調整　※個人番号カードへの記録の方法は、利用者の利便性の観点から検討
②：被保険者は、保険医療機関・薬局に受診する際、個人番号カードを提示する
③〜⑤：保険医療機関・薬局は、本人の確認をして、職員等がICチップから保険資格符号を読取り、「資格確認サービス機関（仮）」に対し、保険資格符号を用いて資格情報を要求する（例えば、レセプト請求の専用回線経由）
⑥〜⑦：「資格確認サービス機関（仮）」は、保険資格符号に対応する資格情報を引き当てて応答。保険医療機関等に通知される
7

図2

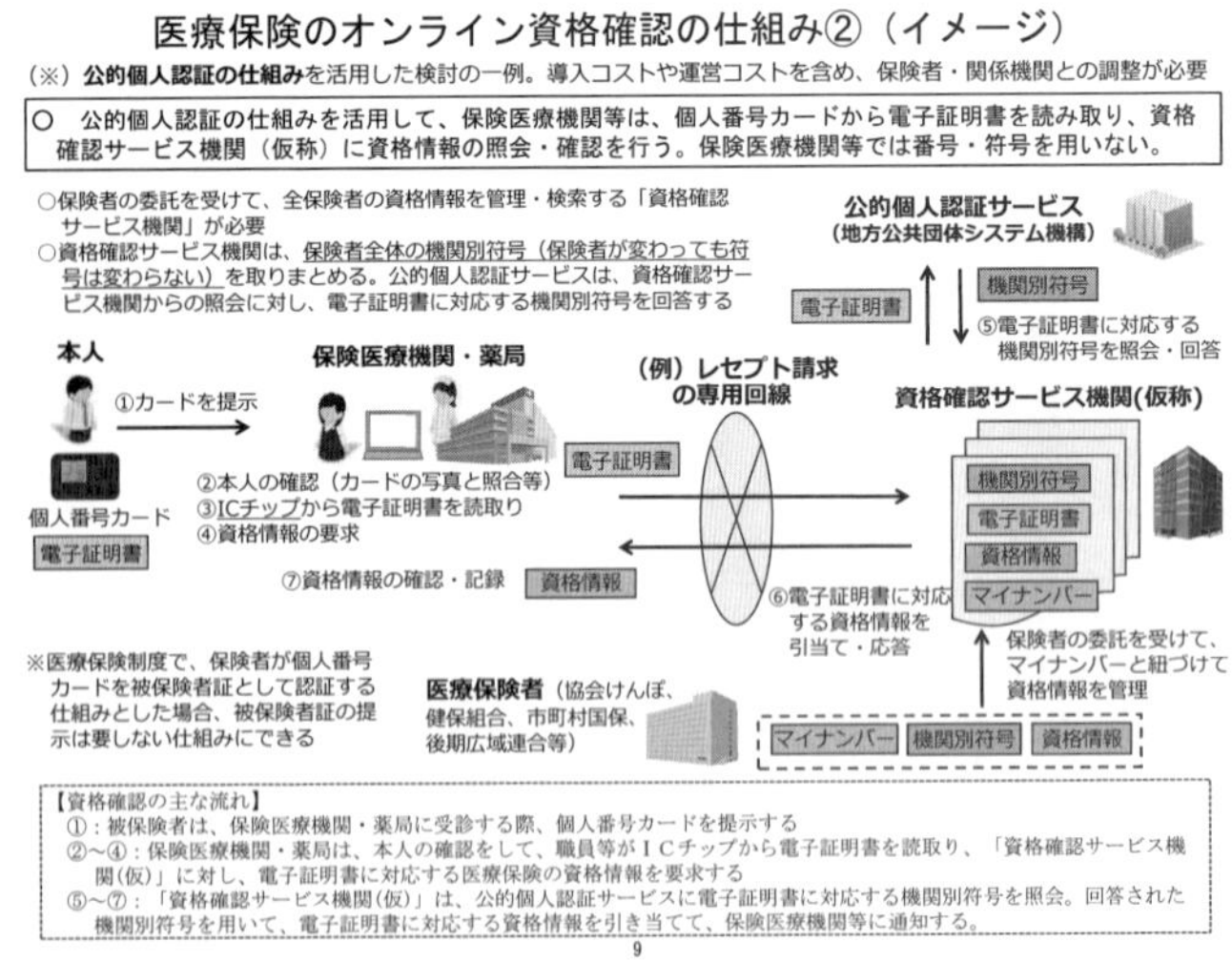
医療保険のオンライン資格確認の仕組み②（イメージ）
（※）公的個人認証の仕組みを活用した検討の一例。導入コストや運営コストを含め、保険者・関係機関との調整が必要
○ 公的個人認証の仕組みを活用して、保険医療機関等は、個人番号カードから電子証明書を読み取り、資格確認サービス機関（仮称）に資格情報の照会・確認を行う。保険医療機関等では番号・符号を用いない。
○保険者の委託を受けて、全保険者の資格情報を管理・検索する「資格確認サービス機関」が必要
○資格確認サービス機関は、保険者全体の機関別符号（保険者が変わっても符号は変わらない）を取りまとめる。公的個人認証サービスは、資格確認サービス機関からの照会に対し、電子証明書に対応する機関別符号を回答する
公的個人認証サービス（地方公共団体システム機構）
電子証明書
機関別符号
⑤電子証明書に対応する機関別符号を照会・回答
本人
①カードを提示
個人番号カード
電子証明書
保険医療機関・薬局
②本人の確認（カードの写真と照合等）
③ICチップから電子証明書を読取り
④資格情報の要求
電子証明書
⑦資格情報の確認・記録
資格情報
（例）レセプト請求の専用回線
資格確認サービス機関(仮称)
機関別符号
電子証明書
資格情報
マイナンバー
⑥電子証明書に対応する資格情報を引当て・応答
保険者の委託を受けて、マイナンバーと紐づけて資格情報を管理
※医療保険制度で、保険者が個人番号カードを被保険者証として認証する仕組みとした場合、被保険者証の提示は要しない仕組みにできる
医療保険者（協会けんぽ、健保組合、市町村国保、後期広域連合等）
マイナンバー
機関別符号
資格情報
【資格確認の主な流れ】
①：被保険者は、保険医療機関・薬局に受診する際、個人番号カードを提示する
②〜④：保険医療機関・薬局は、本人の確認をして、職員等がICチップから電子証明書を読取り、「資格確認サービス機関（仮）」に対し、電子証明書に対応する医療保険の資格情報を要求する
⑤〜⑦：「資格確認サービス機関（仮）」は、公的個人認証サービスに電子証明書に対応する機関別符号を照会。回答された機関別符号を用いて、電子証明書に対応する資格情報を引き当てて、保険医療機関等に通知する。
9

※2014年12月10日　厚生労働省「医療等分野における番号制度の活用等に関する研究会　中間まとめ：参考資料」より

番号の情報連携が稼働する２０１７年７月以降の早期導入を目指す」と結んでいる。詰るところ、優先課題は「個人番号カードと保険証の一元化」と、それを使った「オンライン資格確認のネットワーク構築」であり、本題の医療等ＩＤは二の次といった扱いである。

医療が共通番号「カード」普及の口実に⁉

個人番号カードと保険証の一元化案は、以前から政府与党内で検討が進められていた。その狙いは、個人番号カードの利用価値を高め、カードの普及を促進させることにある。

各種のカードを複数枚所持することが煩わしいと思う人々にとっては、メリットと感じるかもしれない。また医療保険者は、加入者（被保険者）の資格処理の効率化や、将来的には保険証の発行・送付を省略できるなどの有用性から、加入者に対し個人番号カードに切り替えるよう、宣伝や勧奨を強めることが予想される。

また直近では大手新聞が「マイナンバー　カード健康保険証にも」（読売新聞２０１５年１月19日付朝刊）との見出しで報道。記事の中身もカードと保険証の一元化が既に決まったことのような書きぶりで、マスコミによる世論誘導と既成事実化の動きは今後更に強まるものと思われる。

医療等情報を共通番号の対象から外したことで機微性に一定配慮したように見えるが、表向きの話でしかない。保険診療の便益を口実に、個人番号カードに医療を組み込み、共通番号への国民の親和性を高め、インフラ整備まで狙っている。実に巧妙な手口と言わざるを得ない。

医療等情報の漏洩・悪用を懸念

医療等情報の中には、他人に知られたくない病名や病歴なども含まれている。精神疾患やガンなどの病名・病歴を知られ、「就職できなかった」、「誹謗中傷を受けた」という話は少なくない。また、医療等情報は身体的な特徴を表すものも多々あり、他の情報との照合により個人を特定することも可能となる。更には、医療等情報はマーケティング価値が高い。健康関連商品（サプリメントや健康器具など）のテレビＣＭは隆盛だ。また、病気で悩む高齢者や難病者などに対し、「これで病気が治る」といった詐欺行為が後を絶たないことからも、その価値の高さをうかがうことができる。

電子化された医療等情報がひとたび漏洩・流出し、それが共通番号と紐付けられ、インターネット上で拡散された場合、まず回収や消去は不可能だ。個人のプライバシー権を侵害するだけでなく、社会的地位や生活を脅かすほど、被害は甚大なものとなるだろう。また、病気で悩む人への直接的な営業など、人の弱みに付け込んだ営利活用が広がる可能性もある。医療等情報はそれだけ機微性の高い個人情報であり、他者に容易に見られたり、他の情報と紐付けできるような状態は、非常に危険だと言わざるを得ない。

中間まとめでは、共通番号の視認・悪用を防止する仕組みとして、「個人番号カードの裏面（共通番号が記載）が見えないようなケースの活用など」と、なんとも幼稚でアナログな防止策が提示されている。また、法律で厳しい罰則を設けるとしているが、現状でも運転免許証や健康保険証のコピーを求める業種が数多く存在していることから、防止策としての有効性・実効性には甚だ疑問だ。

日本医師会、日本歯科医師会、日本薬剤師会は２０１４年11月、個人番号カードと保険証の一元化に反対する共同声明を発表。医療等情報の機微性や情報漏洩の危険性拡大など、患者・国民のプライバシー権を守るために医療界を代表して警鐘を鳴らしている。

医療機関のオンライン化は進んでいる？
「レセプトオンライン請求義務化撤回訴訟」の経験から

前述のとおり、医療保険のオンライン資格確認の仕組みにおいて、医療機関と資格確認サービス機関を結ぶネットワークは「オンライン請求」の回線を流用することが想定されている。中間まとめでは、既に整っているインフラを活用することが、コスト面や安全性で有用としている。しかし、医療機関のインフラは本当に整っているのか。

医療機関が患者の一部負担金分を除いた治療費（診療報酬）を請求する際、「レセプト」という明細書を、審査支払機関に送る。その送付方法として、①書面（紙）のレセプトを送付、②電子化したレセプトデータをCD―Rなどの電子媒体に保存し送付、③電子化したレセプトデータを専用のネット回線で送付（オンライン請求）――のいずれかを医療機関は選択・実施する。

社会保険診療報酬支払基金の発表によると、２０１４年10月のオンライン請求（施設件数ベース）は、医科医療機関で56・９％（病院97・２％、診療所53・０％）、歯科医療機関は10・６％となっている。この結果を見る限り、医療機関のオンライン化が進んでいるとは言い難く、中間まとめの想定と現実は大きく乖離している。これは、医療機関のＩＴ化が遅れているという単純な話ではない。

過去に厚生労働省は、すべての医療機関に対しオンライン請求を義務付ける省令を公布した（２００６年４月）。これに対し、全国の２０００名を超える医師・歯科医師が義務化の撤回を

2009年9月9日、横浜地裁前。この日、第一回口頭弁論が行われた（写真提供：神奈川県保険医協会）。

求め、2009年1月に国を相手に集団訴訟を起こした（写真）。その結果、同年11月末には省令が改正され、オンライン請求の義務化は撤回。2015年4月からの電子請求が原則化され、そのもとで手書きの紙レセプトでも請求し続けられることとなった。この訴訟は、コスト面や技術面でオンライン請求に対応できない医療機関が廃業する懸念があったことから、「仲間を守る闘い」を御旗としたが、患者の自己情報コントロール権の侵害や情報漏洩の危険性なども大きな争点となった。「レセプトオンライン請求義務化撤回訴訟」は当時、医療界を超え、社会的にも大きなニュースとなった。

こうした経緯もあり、技術面・運用面・コスト面、またセキュリティ面などからオンライン請求を選択・実施しない医療機関は多く、結果として患者の医療等情報が漏洩や悪用の危険から守られているという側面もあるのだ。

個人番号カードが医療機関のオンライン化を促進

医療等分野においては、共通番号そのものよりも「個人番号カード」が問題の種となりつつある。なぜなら、個人番号カードと保険証の一元化は国民への普及促進だけなく、医療機関のオンライン化促進と、病名・治療内容・検査結果など広範な医療等情報の利活用という思惑も含まれているからだ。

カードと保険証が一元化された場合、医療機関は個人番号カードで来院する患者の対応として、院内の医事システムを拡張・再構築しなければならない。具体的には、カードリーダーとネット回線が必要となる。

オンラインでの資格確認の流れは（図1、2）で示したとおりだが、医療機関が呼び出した患者の医療保険の資格情報は、電子カルテやレセプトコンピュータという医事システムに自動転記（入力）されることになる。そのためには、電子カルテやレセプトコンピュータを閉域網とはいえネット回線に接続すること（オンライン）が必須となる。つまり、医療等情報を保存・管理するコンピュータのオンライン化が常態化することになる。これにより、カルテ（診療録）レベルの詳細な医療等情報の収集・連携・共有を可能とするインフラが構築されることになる。

医療等ＩＤは、このインフラのもとに利活用が想定されている。なぜなら、医療等情報をネットワーク上でやりとり（送受信）できなければ、いくら医療等ＩＤを振ったとしても全データの収集は困難で、情報連携・共有の即時性は実現しない。中間まとめが示した利用場面の③から⑥（表１）の実現も困難になる。「個人番号カードと保険証の一元化」と「オンライン資格確認のネットワーク構築」を最優先課題と位置付けている理由はここにある。

共通番号だけで医療費抑制策は可能
医療等情報は医療の「自己責任化」と「産業化」のアイテム

政府は「税と社会保障の一体改革」のもと、医療・社会保障の基本理念を自立・自助（自己責任）にすり替え、更なる負担増や公的医療の給付範囲の縮小、新たな混合診療の創設、都道府県ごとの医療費削減の目標数値設定とその実現に向けた医療提供体制の再構築など、医療費抑制の路線を強化している。共通番号や医療等ＩＤは、これら医療費抑制策の実現のための手段（インフラ）

として使われることが予想される。

実は、医療費の抑制策は共通番号だけで実現が可能だ。健康保険など公的医療保険制度の保険料の支払額や治療にかかった費用は共通番号の対象であることから、個人の給付（治療費）を負担（保険料など）の範囲内に管理・制限することができるようになる。この仕組みは、政府・財界が2001年から提唱する「社会保障個人会計」そのもので、「お金の出入り」に関する情報だけで個人の公的医療費の給付を抑制をするものだ。つまり、医療等情報は医療費抑制策の〝必須アイテム〟ではない。

それでも政府・財界が医療等情報にこだわる理由は、データ分析による抑制策の正当性の裏付けや新たな政策立案への活用の他に、①医療等分野の自己責任化、②医療産業化——という思惑があるからだ。

共通番号では、国民一人ひとりに自己情報を把握・管理するための「マイ・ポータル」（情報提供等記録開示システム）と呼ばれる個人サイトを与えるとしている。中間まとめでは、健診情報や予防接種歴を共通番号と紐付けて、マイ・ポータル上で個人が管理すること、また行政や保険者が個人のマイ・ポータルに健診や予防接種のお知らせをできるようにする仕組みを検討。将来的には、希望する個人が医療機関から医療等ＩＤで自己の医療等情報を入手し、マイ・ポータル上で一元的に管理できるよう拡張することまで検討している。これは、自己の病態や健康だけでなく公的医療保険の給付額と負担額までもを「自己責任」で一元管理させるシステムに変容する可能性を秘めている。それだけではなく、マイ・ポータル上での共通番号と医療等情報の紐付けも本人の希望を前提としていることから、これらの情報管理も自己責任と見なされる可能性が高い。

また、前述のとおり医療等情報は「金のなる木」だ。特に民間の保険会社にとっての利用価値は高い。共通番号により所得や保険料などの「お金」の情報と、病歴などの医療等情報が一元管理できれば、加入者（お客）給付管理や新たな商品開発などに利活用できる。共通番号の範囲見直しにより民間企業の利活用が認められた場合、民間保険会社が加入審査や給付の際に、同意という強制のもと、マイ・ポータルの情報の提示や、マイ・ポータルへのアクセス権を要求するといった運用がなされるかも知れない。事実、２０１４年12月に開かれた政府のＩＴ戦略本部では、生命保険会社が共通番号の利活用の有効性をプレゼンするなど、共通番号の営利活用を虎視眈々と狙っている。

医療等情報は「利活用」ありき世界と逆行する個人情報保護法制

話は少し逸れるが、医療等情報の「機微性」に対する受け止め方について、医療界や国民と政府・財界との間にはかなりの温度差を感じる。事実、2003年5月の個人情報保護法制定時、情報漏洩が深刻なプライバシー侵害につながる危険性がある医療等分野については、個別法を検討することが衆参両院で付帯決議されたが、何の措置もないまま現在に至っていることからも分かる。

医療等情報の機微性については前述のとおりだが、医師をはじめ医療従事者には、いわゆる守秘義務（秘密漏示罪）が課され、違反者には厳しい罰則が適用される。こうした点からも、医療機関は患者の医療等情報に対し十分な漏洩対策を施している。

その一方で、政府・財界は医療等情報の「利活用」ばかりを優先し、保護対策は二の次だ。個人情報保護法の改正案のたたき台として2014年6月に発表された「パーソナルデータの利活用に関する制度改正大綱」では、何らかの加工を施し個人の特定性を低減した個人情報については、本人同意なく目的外利用できるとしている。この中で、医療等情報は「機微情報」と位置付けられず、「個人の利益・公益に資するとし、一層の利活用を期待する」と記述。他の個人情報と同様、加工すれば官・民問わず目的外利用が自由にできることになる。

世界各国の個人情報保護の基準でもある「JISQ15001：2006」では、医療等情報は機微な個人情報と明確に位置付けられており、原則として取得・利用・提供を禁じている。日本は経済優先の政策を進める余り、国民のプライバシー権を軽視した、世界基準に逆行した個人情報保護法制を敷こうとしている。

最後に

独居老人や老老介護などが社会問題となり久しく、2025年の超高齢社会に向け、医療・介護関連の多職種が連携した医療提供体制の重要性は一層増している。こうした中、医療・介護の多職種が連携して地域医療を進める上で、患者の医療等情報の連携は必要不可欠であり、そのインフラとしてIT活用が期待されるのは当然の流れでもある。すでに横浜市では地域の開業医が中心となり、在宅で療養中の患者の医療等情報をクラウドシステムで共有し、医療・介護の多職種連携を実践しているグループがある。

一方、政府・財界の推進する医療ＩＴ化の狙いは、１９８１年の臨調行革から続く「公的医療費の給付抑制」と「医療産業化」のため、つまり経済政策という色合いが強い。

しかし、医療とは経済という「ものさし」で測れるものではない。国民皆保険を基本とする日本の医療制度は生存権を保障する憲法25条を基盤にし、医師をはじめとする医療者は「患者の病気を治したい」、「患者の笑顔が見たい」という古来より続く普遍的価値に基づき日々の診療に従事している。これが日本の医療の姿であり、美徳でもある。

こうした視点から、生存権とプライバシー保護のバランスを図った医療等情報の活用の道を探るべきだ。そのためにも、まずは医療独自の個人情報保護法を整備し、医療等情報の機微性に配慮した上で、活用範囲や方法、罰則などを明確に規定することが急務だと考える。

（ちねん・さとし）

第6章

共通番号制度導入で働く権利、生存権が保障されない社会がやってくる

税金の申告書や支払調書が番号管理の対象に

石村耕治
PIJ代表

番号導入で何がかかわるか

サラリーマン、OL、パート、アルバイトなど給与所得者に対し、給料やボーナスを支払う際に、雇用主である企業は、法定額の源泉所得税や住民税の天引き徴収（源泉徴収／特別徴収）をすることが義務づけられている。給与所得者は、雇用主がどれくらいの額の給与を支払い、かつ天引き徴収をしたかを、雇用主に発行が義務づけられている「平成○○年分の給与所得の源泉徴収票」を見ればわかる（所得税法226条）。

また、正規雇用の給与所得者で、年間の給与収入が2000万円以下であり、かつ雇用主へ「給与所得者の扶養控除等申告書」(通称は㊟マル扶)を提出している人は(法194条)、雇用主が年末調整をすることになっている(法190条以下)。マル扶には、給与所得者本人の個人番号のほか、扶養している妻や子ども、老親などの個人番号を記載するように求められる。なお、年間の給与収入が2000万円超の場合や、本人に20万円を超える他の所得がある場合などには、確定申告をする必要がある(法190条)。

ちなみに、年末調整とは、雇用主(勤め先)が、その従業員や役員のために、年中に子どもが生まれたとか結婚して配偶者が増えたなど異動が生じる前(年頭)のマル扶に記載された事実に基づき月々天引き徴収されていた所得税額を、異動後(年末時)の事実に引き直して再度計算する手続である。

さらに、出版社が、原稿を書いた著者に原稿料を支払うときにも、法定額の源泉所得税を天引き徴収するように求められる。出版社がどれくらいの額の原稿料を支払い、かつ源泉所得税を天引き徴収したかは、出版社が各執筆者に交付した「平成○○年分　報酬、料金、契約金及び懸賞金の支払調書」を見ればわかる(法226条)。

「平成○○年分の給与所得の源泉徴収票」、「給与所得者の扶養控除等申告書」や「平成○○年分報酬、料金、契約金及び懸賞金の支払調書」などは一般に、「法定調書」ないし「法定資料」と呼ばれる。

国民総背番号制度である共通番号（個人番号／法人番号）の実施後は、こうした各種の法定調書／法定資料には、一斉に共通番号が振られることになる。

具体的には、2016（平成28）年1月1日以降の支払いにかかる法定調書から、原則として支払者は、支払いを受ける者と支払者の個人番号または法人番号を記載するように求められる。この場合、支払いを受ける者の個人番号の提示を受ける際に、通知カード＋運転免許証などであるいは個人番号カードで本人確認をする必要がある。また、法定調書提出義務者が○○商店、○○寿司店のような個人事業主の場合には、法定調書を提出する際には、通知カード＋運転免許証などの政令指定書類または個人番号カードで本人確認をする必要がある。一方、個人事業主が、こうした法定調書を郵送で税務署へ提出する場合には、自分の通知カード＋運転免許証などの政令指定書類または個人番号カードのコピーを添付するように求められる。

所得税実務への番号導入の一端を紹介しただけでも、これだけの影響がある。住民税や法人税、消費税、相続税などさまざまな税金にかかる法定調書への付番事務は膨大なものになる。

国民総背番号制度である共通番号（個人番号／法人番号）の実施に伴う個人番号や個人番号カー

ドの取扱いは、行政当局だけでなく、税務や労務、社会保険などの業務の関係する企業やそうした業務に関与／受託する税理士などの専門職にも大きな影響を及ぼす。共通番号法の正式名称が「行政手続における特定の個人を識別するための番号の利用等に関する法律」であることから、関係するのは国の行政機関や自治体だけととられがちである。しかし、実際は、市民団体を含む民間企業／事業者に対する影響の方が大きいといっても過言ではない。行政が準備に追われる一方で、民間企業の動きは鈍く、制度への理解はあまり進んでいない。

とりわけ、共通番号／個人番号は公開してオープン利用されることから流出の危険が極めて高いこと、共通番号／個人番号は従業員や顧客管理番号には使えないこと、企業／事業者が従業員や顧客から預かった個人番号や特定個人情報（個人番号付きの個人情報）を流出させた場合などには、民事責任のみならず、最長で懲役4年が科されるなど重い刑事責任を問われる仕組みになっている（共通番号法67条・68条・70条・77条）。このことから、厳格な情報管理体制が不可欠であり、民間企業には負担の重い仕組みである。

内閣府や各省庁、第三者機関などは、事業者向けに膨大な量の取扱／管理ガイドライン（ルール）を出している。しかし、多くの事業者は、本業に手一杯で読むひまもない。また、ＩＴ各社は「今が商機」とみて、高価な「マイナンバー対応システム」を売り出している。だが、導入でき

表１　わが国の人口と企業数

○わが国の人口（1億2,691万人/2015年４月1日現在）
○法人企業数約421万社のうち、約366万社（87％/9割弱）が小規模法人企業。
○個人事業者は243万人
○企業従業者数4,013万人、うち小規模企業の従業者数は約929万人（23％/約４分の１）

＊〔小規模企業の定義〕①製造業その他：従業者20人以下、②商業・サービス業：従業者５人以下（中小企業庁統計2012年２月時点〔2013年12月公表〕）

るのは一握りの大手企業に限られる。

日本には、法人企業が４２１万社あって、その87％は小規模法人である。それに個人事業者が２４３万人もいる。これらすべてが役所のルールどおり従業者や顧客から提出を受けた本人やその家族の個人番号を適正に取扱／管理できるわけはない。

個人番号のダダ漏れになるのは必至である。役所の出したルール違反、取扱／管理ミスは違法だが、罰則はない。個人番号は生涯不変、政府はエスカレート利用の方向だが、平均寿命80歳超の時代である。漏れた個人番号は、いずれは悪用、なりすまし犯罪ツールになるのは必至だ。同じ個人番号／パスワードの一生涯汎用する共通番号制は明らかに危ない「欠陥製品」といえる。

企業側のコンプライアンスコストには無頓着

共通番号制度は、「もともと裸のサラリーマン・ＯＬ」など給与所得者の所得を徹底管理することが一番のターゲットである。サラリーマン世帯をもっと締め上げれば、ある程度の税収があがるかも知れない。しかし、こうした仕組みを組み立てるお役人やその協力者らは概して、人権はおろか雇用主である企業側に発生するコンプライアンスコストには無頓着なわけである。

野村総研が、「個人番号」導入にともなう民間企業のシステム改修コスト試算について、自らの会社の業務を洗い直してみたところ、「個人番号」をつける必要のあるファイルは400種以上あったという。このため、1万人規模の企業でシステム改修に数億円のコスト発生が見込まれるという（日経新聞2013年11月15日朝刊記事「検証 マイナンバー対策」参照）。それでも法人税減税の恩恵に与れる大企業はまだいい。問題は、個人商店など含む零細企業である。相当に逆進性の強い負担になるのは明らかである。

現在でも、雇用主である企業は、源泉事務から年末調整までタダ働きさせられ、何の補償もされていない。加えて、法定資料への付番事務や特定個人情報（番号付き個人情報）の適正管理事務まで増えてくる。こんなかたちで政府の規制が強まり負担が増えていけば、〝起業家〟などは育たない。「源泉と年調で課税関係は終わり」の方が楽ちんといったサラリーマンの群だけが肥大化していくのは必至であろう。

表2　個人番号の利用分野のあらまし

社会保障分野	年金分野	年金の資格取得・確認、給付を受ける際に利用
	労働分野	雇用保険等の資格取得・確認、給付を受ける際に利用。ハローワーク等の事務等に利用
	福祉・医療・その他の分野	医療保険等の保険料徴収等の医療保険者における手続き、福祉分野の給付、生活保護の実施等低所得者対策の事務等に利用
税分野		国民が国/地方の税務当局に提出する確定申告書、届出書、調書等に記載。当局の内部事務等
災害対策分野		被災者生活再建支援金の支給に関する事務等に利用

血税で食べているお役人らは、このような番号実施に伴うコンプライアンスコスト意識がきわめて低いのが実情である。相変わらず、国民総背番号制度である共通番号制度は、「社会保障・税制度の効率性・透明性を高め、利便性の高い公正・公平な社会を実現するためのインフラ」であるとか、お題目を唱えているだけなのである。

民間企業が共通番号の利用を強制される主な分野とは

個人番号の利用分野について、おおまかにまとめてみると、表2のとおりである。民間企業が個人番号を内部事務に利用できるかどうかのポイントは、共通番号法が認める①「社会保障分野」＋②「税分野」＋③「災害対策分野」の事務（93項目）であるかどうかある。

税務分野での共通番号（「個人番号」、「法人番号」）の利用範囲

現段階で、国税や自治体の税務当局（課税庁）が個人番号で把握できるのは、納税状況や雇用主が従業者などに支払う給与などに限られている。2016年1月の導入時では、個人の銀行口座や不動産などの資産情報は個人番号事務の対象外である。

現段階では、給与のみならず、利子や配当などの支払者が発効する各種支払調書など法定調書／法定資料に加え、保険や株式等の特定口座については個人番号管理の対象となる。

しかし、政府は、2015年1月にはじまった通常国会へ「個人情報の保護に関する法律及び行政手続における個人を識別するための番号利用等に関する法律の一部を改正する法律案」を提出した。これにより、預貯金口座の共通番号管理を実施する構えである。2018年から当面の間は、預貯金口座の共通番号管理は「任意」とし、2021年以降は「義務」とする方向だ。当面の間は任意とするのは、金融口座が人口以上に存在し、付番の完了にかなりの時間を要するから

表3　法定資料、法定外資料一覧　（2013年末現在）

		所得税法〔43種類〕	相続税法〔4種類〕	租税特別措置法〔6種類〕	その他〔3種類〕
法定資料（およびその合計表）	**支払調書**〔計39種類〕	・不動産の使用料等の支払調書、利子等の支払調書、・報酬・料金・契約及び賞金の支払調書、・金地金等の譲渡の対価の支払調書　など〔計32種類〕	・生命保険・共済金受取人別支払調書、・損害（死亡）保険金・共済金受取人別支払調書、・退職手当等受給者支払調書、・信託に関する受益者別（委託者別）支払調書〔計4種類〕	・上場証券投資信託の償還金等の支払調書、・特定振替国債等の譲渡対価の支払調書、・特定振替国債等の償還金等の支払調書〔計3種類〕	
	源泉徴収票〔計3種類〕	・給与所得の源泉徴収票、・退職所得の源泉徴収票、・公的年金等の源泉徴収〔計3種類〕			
	計算書〔計2種類〕	・信託の計算書、・有限責任事業組合等に係る組合員所得に関する計算書〔計2種類〕			
	調書〔計11種類〕	・名義人受領の利子所得の調書、・名義人受領の配当所得の調書、・名義人受領の株式等の譲渡の対価の調書、・譲渡性預金の譲渡等に関する調書、・新株予約権の行使に関する調書、・株式無償割当てに関する調書（計6種類）		・特定新株予約権等の付与に関する調書、・特定株式又は承継特定株式異動状況に関する調書（計2種類）	・国外送金等調書 ・国外財産調書 ・外国親会社から付与されたストックオプション行使等調書（計3種類）
	報告書〔計1種類〕			・特別口座年間取引報告書（1種類）	
法定外資料		取引資料箋〔各種お尋ねなど〕			

表４　共通番号の税務分野での利用の根拠となる主な法令

番号法等の施行に伴う関係法整備法【行政手続における特定の個人を識別するための番号の利用等に関する法律の施行等に関する法律の施行に伴う関係法律の整備等に関する法律】（平成25[2013]年5月30日法律28号）7条・11条・14条・15条など
番号法等の施行に伴う法律施行財務省関係政令整備令【行政手続における特定の個人を識別するための番号の利用等に関する法律の施行に伴う関係法律の整備等に関する法律の施行に伴う財務省関係政令の整備に関する政令】（平成26[2014]年5月14日財務省令179号）1条～39条関係
国税通則法124条 **（書類提出者の氏名、住所及び番号の記載等）** 第124条　国税に関する法律に基づき税務署長その他の行政機関の長又はその職員に申告書、申請書、届出書、調書その他の書類を提出する者は、当該書類のその氏名（法人については、名称。以下において同じ。）、住所又は居所及び**番号**（番号を有しない者にあっては、その氏名及び住所又は居所）を記載しなければならない。（略）
所得税法194条 **（給与所得者の扶養控除等申告書）** 第194条　国内において給与等の支払を受ける居住者は、その給与等の支払者（略）国内において給与等の支払を受ける居住者は、その給与等の支払者（その支払者が二以上ある場合には、主たる給与等の支払者）から毎年最初に給与等の支払を受ける日の前日までに、次に掲げる事項を記載した申告書を、当該給与等の支払者を経由して、その給与等に係る所得税の第十七条（源泉徴収に係る所得税の納税地）の規定による納税地（第十八条第二項（納税地の指定）の規定による指定があつた場合には、その指定をされた納税地。以下この節において同じ。）の所轄税務署長に提出しなければならない。 一　当該給与等の支払者の氏名又は名称

二　その居住者が特別障害者若しくはその他の障害者、寡婦、寡夫又は勤労学生に該当する場合には、その旨及びその該当する事実
三　控除対象配偶者又は扶養親族のうちに同居特別障害者若しくはその他の特別障害者又は特別障害者以外の障害者がある場合には、その旨、その数、その者の氏名**及び個人番号（個人番号を有しない者にあっては、氏名）**並びにその該当する事実
四　控除対象配偶者の氏名**及び個人番号（個人番号を有しない者にあっては、氏名）**控除対象配偶者が老人控除対象配偶者に該当する場合には、その旨及びその該当する事実
五　控除対象扶養親族の氏名及び**個人番号（個人番号を有しない者にあっては、氏名）**並びに控除対象扶養親族のうちに特定扶養親族又は老人扶養親族がある場合には、その旨及びその該当する事実
六　二以上の給与等の支払者から給与等の支払を受ける場合には、控除対象配偶者又は控除対象扶養親族のうち、主たる給与等の支払者から支払を受ける給与等について第百八十三条第一項（源泉徴収義務）の規定により徴収される所得税の額の計算の基礎としようとするものの氏名
七　その他財務省令で定める事項

である。

一口に法定調書／法定資料といっても、かなり広範囲に及ぶ。一応、法定資料、法定外資料の一覧を（表3）あげておく。

一応、こうした資料には、原則として共通番号（個人番号、法人番号）が入るということになる。民間企業にとり、こうした付番事務、さらには個人番号のついた「特定個人情報（番号付きの個人情報）」の管理事務は膨大な量やコスト負担につながるのは明らかである。

表４　法定調書事務変更のポイント

①法定調書への個人番号又は法人番号の記載
法定調書提出義務者（支払者）は、平成28年１月１日以降の支払にかかる法定調書には、原則として支払を受けた者および支払者等の個人番号または法人番号を記載する必要がある。
②支払を受ける者から個人番号の提供を受ける際の本人確認
法定調書提出義務者は、支払を受ける者から個人番号の提供を受ける際に、通知カード＋運転免許証等、あるいは個人番号カードの提示を受け、本人確認を行う必要がある。
③法定調書提出時の本人確認
法定調書提出義務者が個人事業主の場合は、法定調書を税務署に提出する際に、本人確認のため、通知カード＋運転免許証等、または個人番号カードを提示する必要がある（郵送で提出の場合は、個人番号カード等の写しを添付する必要がある。）。

共通番号の税務分野での利用に関係する主な法令

共通番号法の実施、とりわけそれに伴う共通番号の税務分野での利用に関係する主な法令をあげると、おおよそ表４（本書１４４頁）のとおりである。

法定調書事務の変更点

２０１６（平成28）年１月１日以降の支払いにかかる各種法定調書、支払調書には、支払いを受ける者の個人番号又は法人番号の告知を受けてその番号を記載する必要がある。

２０１６（平成28）年１月１日以降の支払い

にかかる番号入りの法定調書、とりわけ「平成○○年分　報酬、料金、契約金及び懸賞金の支払調書」のイメージは、表6（本書148頁）のとおりである。

ちなみに、税法に告知義務のある一部の法定調書については、個人番号及び法人番号の告知について3年間の猶予規定が設けられており、その間告知を受けるまでは個人番号・法人番号を記載しなくてもよいことになっている（例えば、特定口座年間取引報告書）。

なお、「給与所得の源泉徴収票」は、現行のA6サイズからA5サイズに変更になるほか、本人交付用の源泉徴収票に支払者の番号は記載しないことになっている。

共通番号実施後の支払調書をイメージしてみたが、支払者が個人事業者の場合に、該事業者の個人番号を、支払いを受ける者に対して交付する支払調書に記載を求めるのかどうかが問われてくる。なぜならば、当該事業者の個人番号が洩れもれになってしまうことが危惧されるからである。

事業者の個人番号の安心・安全を考えるならば、各種法定調書に個人事業者の個人番号を記載するような野蛮な実務は絶対にやめる必要がある。

早急に、各種支払調書を作成する個人事業者の個人番号（Source PIN）から税務用の個別番号（ssPIN）を組成し、事業者番号として使うような対応を取る必要がある。

表6　共通番号実施後の支払調書のイメージ

平成28年分　報酬、料金、契約金及び懸賞金の支払調書

支払を受ける者	住所（居所）又は住所地	埼玉県さいたま市○○区○○３丁目２－５					
	氏名又は名称	石村耕治	法人番号又は個人番号		４４４４	５６７８	９０１２
区分	**細　目**	**支　払　金　額**			**源泉徴収税額**		
報酬	講演料等	内	137	３４０円		14	022 円
（摘要）							
支払者	**住所（居所）又は住所地**	東京都豊島区西池袋３丁目２－１					
	氏名又は名称	JTI株式会社 電話03－3985－1111	法人番号又は個人番号	1	1234	5678	1234

整理欄	①	②

12ケタの個人番号

13ケタの法人番号（ただし、個人企業の場合は事業者の12ケタの個人番号の記載？）

モデルとしては、アメリカの課税庁（ＩＲＳ）が制度化している個人の共通番号（ＳＳＮ）とは別個の「雇用者ＩＤ番号（EIN=employer identification number）」の仕組みを参考とした個別番号の創設があげられる。

個人番号なしでは働く権利、生存権が保障されない社会でよいのか

共通番号制度は、個人番号なしには、実質的に働く権利を行使することが難しい社会の構築を目指しているといえる。これは、裏返すと、超監視社会のみならず、憲法に保障された生存権を侵害する仕組みとして機能しかねない仕組みといえる。

1　パートやアルバイト先は個人番号の告知／提示を求め、記録もゆるされる

主婦や学生が近くの居酒屋でパート、アルバイトするとする。この場合、パート先、アルバイト先（雇用主）は、給与支払いの際に源泉所得税を天引き徴収しないといけない。雇用主は、支払調書などを作成しなければならないからである。

当然、雇用主は、パートやアルバイトの者に個人番号または特定個人情報（番号付き個人情報）

図1　どうなる自分（支払いを受ける人）の特定個人情報の自己コントロール権??

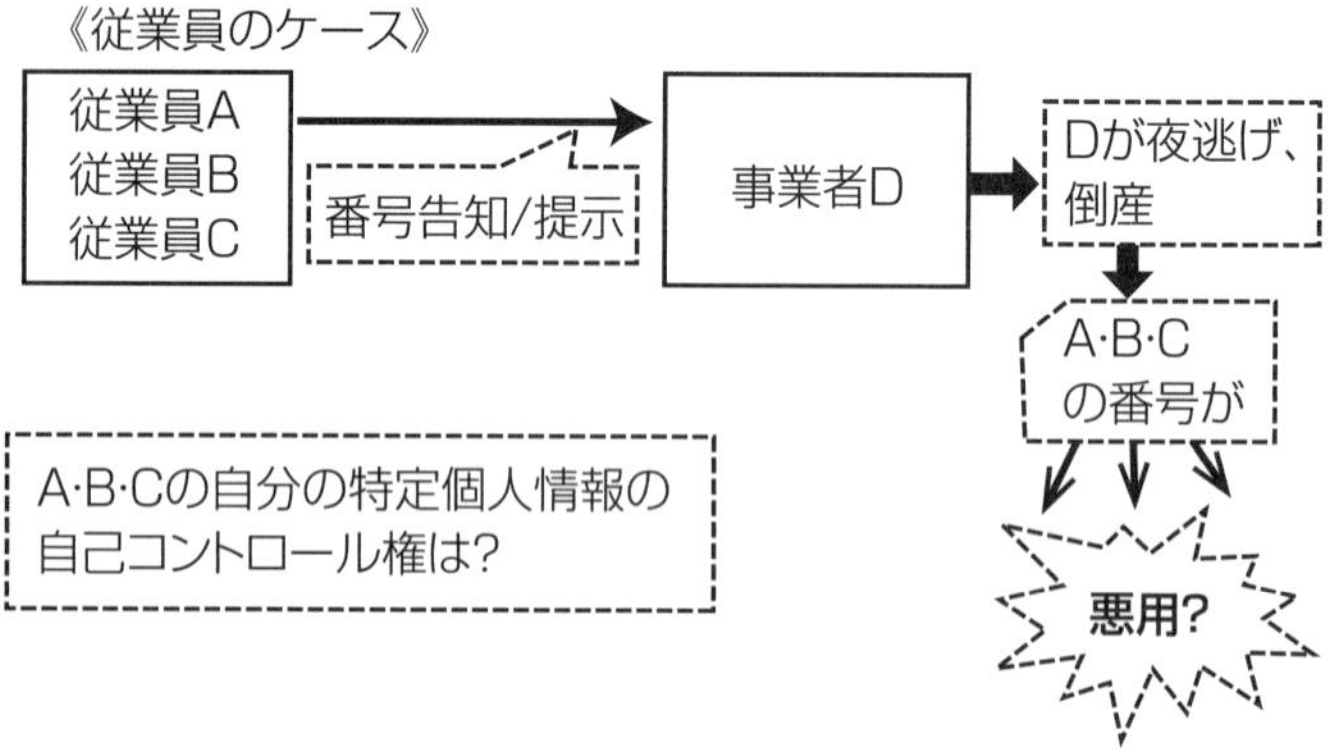

の告知／提示を求め、記録することもゆるされる。これは、事業者に「個人番号を記載義務が課されている税分野」の事務にあてはまるからである。

逆に、居酒屋の店主（事業主）が、パートやアルバイトの者からの告知／提示を求めないで、給与を支払うことは違法となるかもしれない。あるいは、パートやアルバイトの者が、こんな小規模な企業へ自分の個人番号を出し、倒産でもしたら、自分の個人番号または特定個人情報（番号付き個人情報）がどこへ垂流しになるかわからない、自分の特定個人情報の自己コントロール権はどうなるのか心配になるのは、当然といえる。

パートやアルバイトの者（特定個人情報主体）が、いつ潰れるかわからないような企業あるいはブラックな企業の事業主から、個人番号の告知／提示を求められたとする。しかし、特定個人情報の自己コントロール権を護るために、個人番号の告知／提示を拒んだら、その事業主は給与を支払わなくともいいのであろうか。

この点は、実際に共通番号法が実施される頃にならないとわからない。給与の支払いについては、労働関係法令上の規制を受けることから、逆に払わないと違法になるかも知れない。政府は、番号主体の特定番号情報の自己コントロール権の保障について、現時点では的確な回答を用意していないようにみえる。

2 源泉徴収と「番号の持ち主」の特定番号情報の自己コントロール権の保障

共通番号法に基づいて、企業／事業者などに共通番号／個人番号の告知／提示をする人、いわゆる「番号主体」、「番号の持ち主（番号主体）」または「特定個人情報主体」の特定個人情報（番号付き個人情報）の自己コントロール権をどのように保障するかは、プライバシー権の保障面でも最も重い課題の一つである。

(1) オーストラリアの納番制に学ぶ

オーストラリアでは、納税者番号／納番（TFN＝Tax File Number）を導入しているが、番号を告知／提示しない者には、申告所得税の最高税率で源泉徴収して、源泉徴収された人が確定申告で調整できるようにしている。

その立法理由は、不法就労で番号を告知／提示できない者とか、ブラック企業で源泉徴収のうえ支払いを受ける者が番号の告知／提示を躊躇するケースなどに対応するためである。いわば、番号や特定個人情報の行先についての自己コントロール権を保障するためである。

番号を提示し支払いを受ける者は、番号の行方がつかめる、つまり、番号情報の行先を自己コントロールできる場合は提示する。そのうえで法定の源泉率で天引き徴収を受ける。一方、行先が不安な場合には、番号を提示しないで申告所得税の最高税率で天引き徴収を受ける。そのうえで確定申告をして調整するわけである。

わが国でも、ときには素性のしっかりしないところから支払いを受けなければならない場合も考えられる。こうした場合に、支払いをする相手方／事業者に対し自分の氏名や住所、生年月日などの基本情報や銀行口座情報などを告知／提示するのに躊躇することもあろう。

ただ、共通番号制度導入後、形式的に個人番号の告知／提示を義務づけると、素性のはっきりしない事業者から支払いを受ける際にも、自分の個人番号を告知／提示しなければならなくなる。当然、告知／提示した自分の個人番号の行く末が気になることも出てくる。とくに今回導入したの個人番号は生涯不変、多目的利用、一度漏れて悪用されたら、普通の市民には手に負えない代物である。

このような危ない共通番号制度にしなくとも、税務分野の固有の〝納税者番号〟をつくって使えば、〝安心、安全〟だったはずである。分野別番号だったら、悪用されたら、その番号を変えれば、つまりパーツ交換で済むからである。ところが、「共通番号」とかいう最も危ない〝マスターキー〟を使う仕組みをつくってしまった。

多目的利用の共通番号は、番号主体、つまり個人番号の持ち主の追行権、つまり自分の個人番号あるいは特定個人情報（番号付き個人情報）がどう使われるのか、自己コントロール権を保障するのは非常に難しい。特定個人情報主体の自己コントロール権を保障できない、あるいは侵害するという意味では憲法違反のツールといえる。

ただ、導入をゆるしてしまった以上、何か別の手立てを考えて、自分の個人番号ないし特定個人情報が、税分野利用などを口実に、ブラック事業者などの手に渡らないように、支払いを受ける者を護る必要がある。

(2) 最高税率での天引き徴収で、「個人番号」の不提示を認める税制も一案

さまざまな官民の分野で使う共通番号は、〝マスターキー〟のようなものである。なりすまし犯罪に手を染めるワルな連中の手に渡ったら、大変である。

支払いを受ける人(受給者/特定個人情報主体)が自分の個人番号を告知/提示をしないことを認める要件としては、「自己の個人番号の安全を確保することができないおそれがあること」、つまり特定個人情報(番号付き個人情報)の自己コントロー権を確保できないことを理由とするのも一案である。

ワルな連中が、ハッキングウイルスを仕掛けて、その個人番号で管理された他のデータベース、各種ファイルにアクセスして、不法に芋づる式に個人情報を吸い取ることも可能な時代である。ハッカーがウジョウジョで、ウイルス攻撃、それに対する後追い対策が追い付かないという悪循環で、手が付けられなくなっているネットバンキングの実情が悪しき手本である。

オーストラリアの例に倣って、わが国でも、パートやアルバイト従業員、執筆者など(支払いを受ける者/特定個人情報主体)は、支払先の素性がはっきりつかめない場合には「個人番号」を告知/提示しなくともよいとする取扱いをすべきである。この場合で、その理由を明らかにせずに個人番号の不告知/不提示を望むときには、支払いを受ける者/特定個人情報主体は、申告

図2　支払いを受ける人の自己コントロール権の保護案

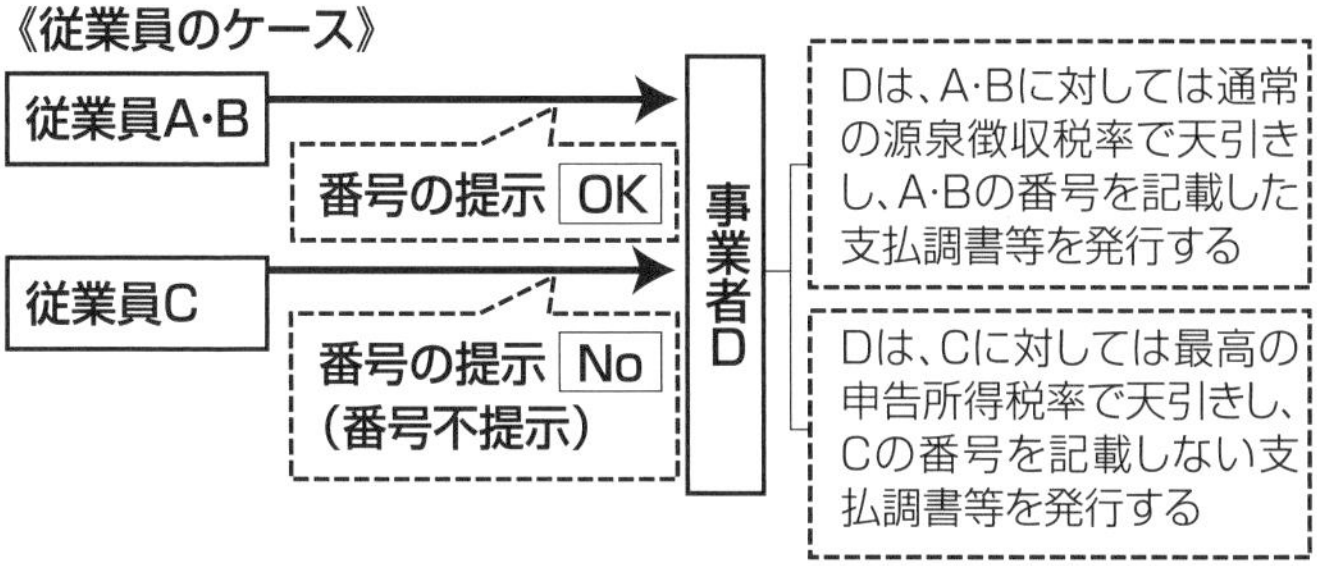

所得税の最高税率（例えば、40％、ないし45％）で天引き徴収を受ける。そして、確定申告で調整できるような仕組みを急いで作る必要がある。

税理士会や弁護士会など職業専門家団体は、共通番号実施を漫然と座視するのではなく、こうした法改正の提案をして、危ない共通番号制度のブレーキをかけ、少しは納税者の権利を護る活動をして欲しいところである。

＊　＊　＊

政府は、共通番号制度で、「生涯不変のパスワードである個人番号を官民にわたり幅広く使う」という方針である。しかし、誰がみても、共通番号制度は、パスワードを頻繁に変えることで安全・安心を確保する時代であることを忘れた時代錯誤の構想であるのは明らかである。とくに、今後、個人番号を民間の自由な利用を供することにでもなれば、番号のなりすまし犯罪ツールとしての〝価値〟が高まる。一方で、個人番号の利用範囲を広げれば広げるほど民間企業の個人番号管理や安全管理コストが増大する。ＩＴ企業だけが高笑いということにもなりかねない代物である。プライバシーが尊重された安全・安心なくらしができる社会構築に向けて、共通番号制度の廃止を実現しなければならない。

（いしむら・こうじ）

《参考文献》　ＣＮＮニューズ79号および80号
石村耕治編『現代税法入門塾〔第７版〕』（清文社、２０１４年）

第7章

法人への付番は市民団体の国家監視、結社権の侵害につながる

石村耕治
PIJ代表

はじめに

共通番号には、「個人用（個人番号）」と「法人用（法人番号）」がある。個人番号を、通称で「マイナンバー／私の背番号」と呼ぶ。個人番号は強制付番、法人番号も一部例外を除き、原則として強制付番である。

法人登記をしていない市民団体などは、一般に「任意団体」あるいは「法人格のない社団等」と呼ばれる。任意団体は、社会保障や税の面で、「法人」として取り扱われることも多い。ただ、役

員や構成員がボランティア（無償）で活動する任意団体の場合、雇用保険のような社会保険事務や源泉所得税のような面では一般に「法人」としての各種義務を負わない場合が多い。こうした任意団体は例外的に、法人番号の強制付番の対象から除かれることになっている。一方で、任意団体であっても、雇用保険や源泉所得税の徴収や収益事業を行い法人税の申告が必要である場合には、任意に法人番号を申請し「任意取得」できることになっている。

行政が、市民団体、任意団体に対する法人番号の任意取得を執拗に指導することは、結社権（結社の自由）の侵害につながる。

法人番号の所在

個人や法人には共通番号が付けられることになっている。共通番号を付ける機関（付番機関）は、それぞれ図１・図２のとおりである。また、共通番号制度の一翼を担う法人番号の特徴を、個人番号と比べて見ると、図３（本書１６０頁）のとおりである。

図1　共通番号の類型

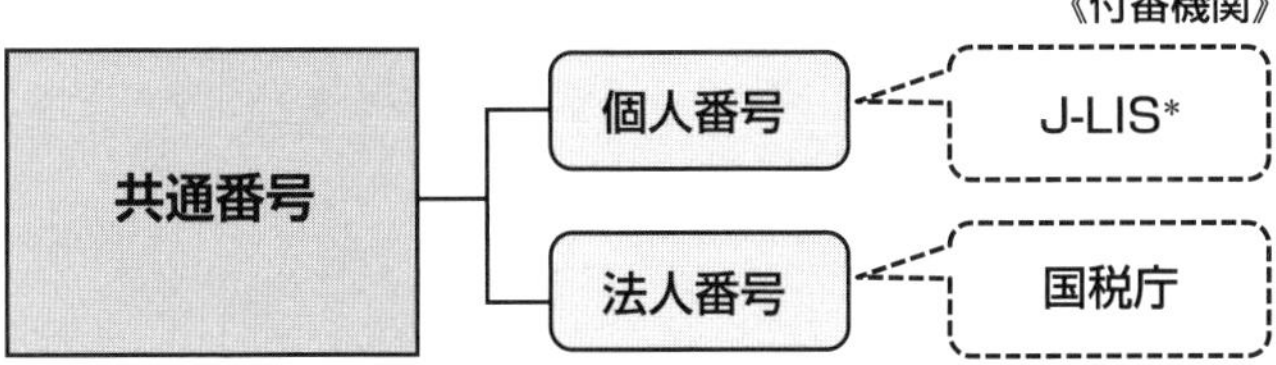

＊地方公共団体情報システム機構（J-LIS／ジェイリス）

図2　共通番号法制度の基本的構図度

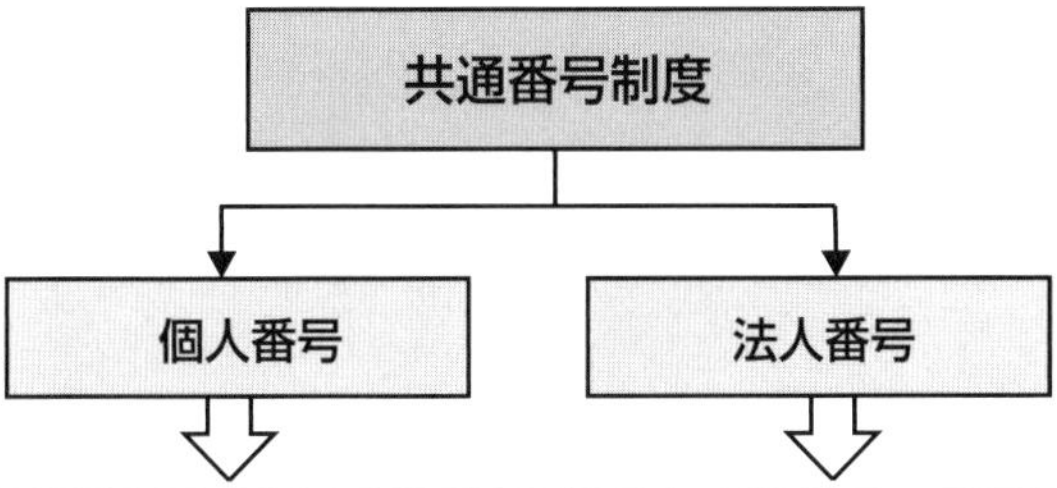

	個人番号	法人番号
利用分野	社会保障・税・災害対策	さまざまな分野（限定なし）
情報連携	○	○
付番機関	J-LIS	国税庁
付番範囲	居住個人（外国人も含む）	国・自治体・法人・一定の任意団体
カード	○【取得は任意。身分証明書としての利用可】	×
保護措置	比較的厳格	ほとんどなし

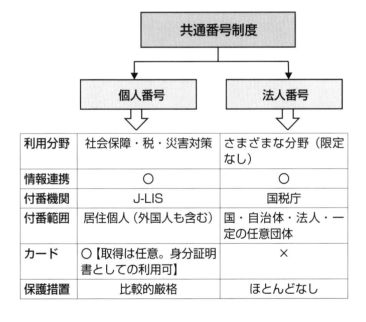

図3　法人番号の強制付番〔指定〕・通知の仕組み

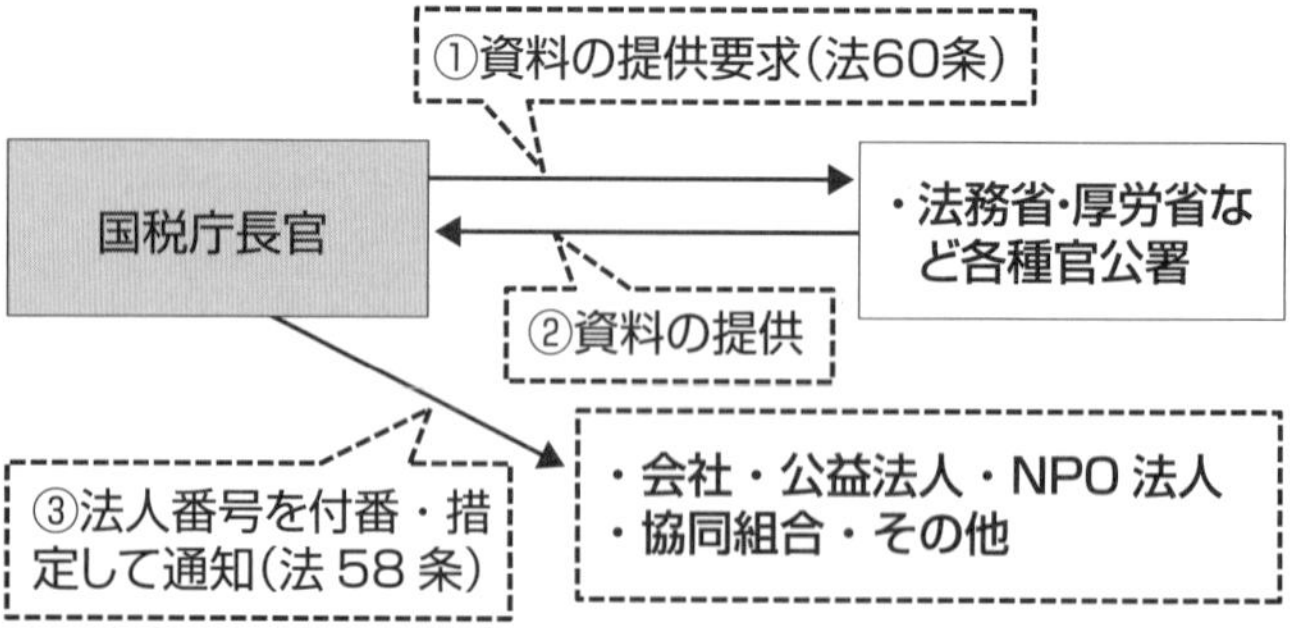

法人番号とは何か

政府が、共通番号法に基づき、2015年10月から各人に12ケタの背番号である「個人番号」を振り2016年からの運用をめざす。一方、各種法人には国税庁長官が、法務大臣などの官公署から提供されて情報/資料をもとに、13ケタの法人番号を振り〔指定〕、各法人へ通知することになっている（法58条以下）。

つまり、会社やNPO法人、公益法人、税理士法人などに対しては、国税庁長官が法人番号を通知するので（図3①〜③）、番号の申請とかの手続は不要である。

このように、法人番号は、会社などの場合は強制付番で申請手続が要らない。これに対して、市民団体の場合は任意に申請手続をしないといけない場合も少なくない。市民団体には、一

表1　現行の法人関連各種番号制度のあらまし

種類	番号利用手続	申請等の件数	所轄府省庁
会社法人番号	商業・法人登記	220万件程度	法務省
労働保険番号	労働保険事務	469万件程度	厚労省
雇用保険適用番号	雇用保険事務	161万件程度	
社会保険事業所整理番号、事業所番号	健康保険事務/厚生年金保険事務	7,159万件程度	
代理申告会社コード	生命保険・損害保険募集人登録事務	76万件程度	金融庁
免許人コード	電波事務	60万件程度	総務省
利用者コード	輸出入事務	4,832万件程度	財務省
識別番号	工業所有権出願事務	254万件程度	経産省

＊各種政府資料から作成。

方的に負担の重い番号制度である。

現行の法人関連各種番号制度のあらまし

わが国では、各種の法人等に対して所轄の役所などがさまざまな番号を付けてデータ管理をしてきている。付けられている番号をまとめてみると表1のとおりである。

新たな法人番号法制度のポイント

共通番号法に定める法人番号のポイントは、表2（次頁）のとおりである（法2条15項、58条～61条）。

現行の各種番号は、各役所が独自のルールで、会社や学校などさまざまな法人に付けている。しかし、これら

表2　法人番号法制度のポイント

<table>
<tr><td>

・共通番号法12条15項（法人番号の定義）　この法律において「法人番号」とは、第58条第１項又は第２項の規定により、特定の法人その他の団体を識別するための番号として指定されるものをいう。

・共通番号法58条（通知等）

①【強制付番し通知】国税庁長官が法人番号を指定して各法人等へ通知する（法58条１項）。

②【付番の対象は「法人等」】ⓐ国の機関、地方公共団体、設立登記した法人、ⓑこれら以外の法人または任意団体で代表者または管理人の定めのあるもの（人格のない社団等）であって、所得税法230条、法人税法148条・149条・150条、または消費税法57条により“届出書」ので提出義務を負うもの（法58条1項括弧書）。【法人番号は、原則として法定調書を提出する義務があるか、または法定調書に記載されるすべての法人に対して強制付番される。】

③【任意付番/指定】さらに、これら以外の法人または人格のない社団等であっても、政令に定めるものは、国税庁長官に届け出て法人番号の指定を受けることができる【法人番号の任意取得】（法58条２項）。この場合、届出事項に変更があったときには、国税庁長官へ届出が義務づけられる（法58条3項）。

</td></tr>
<tr><td>

④【法人番号の公表】国税庁長官は、法人番号に加え、ⓐ商号または名称、ⓑ本店または主たる事務所の所在地を公表することになっている（法58条４項）。ただし、人格のない社団等については、その代表者または管理人の同意を得る必要がある（法58条４項但書）。

</td></tr>
</table>

表3　法人番号の付番対象範囲

【強制付番対象者】 法人等からの届出は不要。国税庁長官が付番/指定・通知
①国の機関 ②地方公共団体 ③会社法その他の法令により設立登記した法人 ④前記①～③以外の法人または人格のない社団等であって、所得税法230条などの届出が義務づけられているもの
【任意付番/指定対象者】 法人等からの届出を受けて、国税庁長官が付番/指定・通知
⑤上記①~④以外の法人または人格のない社団等であって、例えば日本での経済活動をするなどから、国税・地方税の法定調書を提出する義務のあるものまたは法定調書の記載対象となるもの。

の番号を国税庁長官が各法人に付けた法人番号に置き換えれば、役所による法人のトータルなデータ監視が容易になる。

法人番号制度のねらい

個人の場合とは異なり、「法人にはプライバシーはない」との前提にたち、法人番号は、民間での自由な利用を前提として、原則としてすべて公表されることになっている。

ただし、各種市民団体など任意付番／指定を受けた任意団体（法人格のない社団等）や、わが国において各種課税取扱いを受ける必要のある海外法人についてては、プライバシーへの一定の配慮から、法人番号の公表にあたっては、当該団体や法人の同意が必要とされている。

法人番号とは異なり、変更は一切認められない。法人番号は、利用範囲には限定がなく、「社会保障・税」以外の分野、電子商取引、民間企業間での契約などあらゆる取引などに利用できる。

社会保障の面では、政管健保、雇用保険の加入者法人は約150万法人である。一方、雇用保険だけに加入する法人は30万法人である。この差を縮めるために法人番号が威力を発揮することになるのではないかと思う。

一方、税務面の関していえば、各種法定資料に法人番号をつけて提出させ、情報連携（データ照合）をすることが一番の狙いである。

国税庁の2012年度末の統計によると、全国に株式会社など普通法人が約260万社ある。また、公益法人やNPO法人などを含む法務局に登記されている法人は約360万以上ある。これらの法人、さらには法人登記をしていない市民団体など任意団体に対し法人向けの共通番号をつけ、〝社会保障負担や課税のまな板〟にのせることが第一の狙いである。

また、例えば、消費税率が2ケタ台に乗り、複数税率、タックスインボイス（税額票交付）方式への転換となった場合に、タックスインボイスに記載される事業者登録番号として使われる可能性が問われる。法人番号の場合は、転用の可能性はある。しかし、個人事業者の個人番号の転用は考えられない。この場合には、国税庁が、新たに個人事業者向けの事業者番号あるいはタックスインボイス番号などを発行することになると思う。現行の帳簿等保存方式からタックスインボイス保存方式に変更になるかどうかは、現時点では定かではないが。

法人番号の「任意取得」が必要となる市民団体とは

法人登記をしていない市民団体など（任意団体）で、雇用保険や源泉所得税の徴収や収益事業を行い法人税の申告が必要である場合には、任意に法人番号を申請し「任意取得」できることになっている。つまり任意に国税庁長官に届出て法人番号の指定を受けることができる（法52条2項／3項）。

しかし、多くの任意団体は、当面の間、法人番号の取得は不要であると思う。なぜならば、これら任意団体である市民団体は、雇用保険や源泉所得税の徴収や収益事業を行っていない場合も多いからである。また、特増法人や認定ＮＰＯ法人でもない限り、寄附金控除の対象となる寄附金の受入もしていないからである。加えて、事務所とかの実物資産もない場合も多く、一般に法人番号の任意取得の必要はないといえる。

預貯金付番を通じて市民に加え、市民団体もいずれは番号管理の対象に

ただ、法人登記をしていない市民団体が法人番号の任意取得が必要ないのは、あくまでも「当面の間」といえる。法人番号の利用が拡大し、銀行などでの金融口座の開設や電話回線やネット回線の設置などに法人番号の告知/提示を求めてくるようになれば、法人番号の取得(届出/指定)が実質上強制になる可能性が濃いからである。

事実、2016年1月の法施行を待たずして早、政府は、各種審議機関を使って、共通番号の利用拡大する方針を打ち出してきている。その流れに一つは、金融口座(預貯金)の番号管理、つまり「預貯金への付番」である。

個人や市民団体の「懐」である預貯金に公権力がグリグリと手を突っ込んでくるのでいいのか、よく考えてみる必要がある。こうした私人や市民団体の預貯金の共通番号による公的管理政策の是非については、国政選挙のときに国民に問う必要がある。とりわけ、市民団体の金融口座への

表4　金融口座（預貯金）の共通番号管理への動き

●平成25［2013］年8月　社会保障制度改革国民会議報告書（抜粋）
・これまでの「年齢別」から「負担能力別」に負担の在り方を切り替え、**社会保障・税番号制度も活用し、資産を含め負担応力に応じて負担する仕組みとしていくべき**である。
●平成26〔2014〕年4月　政府税調のマイナンバー・税務執行ディスカッショングループ論点整理（概要）
・現在、銀行等が個人の顧客に支払う利子の課税については、源泉分離課税で修了することから、利子調書の提出が免除されており、銀行等の預金口座に対してはマイナンバーを付されていない。 ・社会保障について所得・資産要件を適正に執行する観点や、適正・公平な税務執行の観点からは、国民の多くが保有する預金が把握の対象から漏れている状況は改められるべきであり、預金口座へのマイナンバーの付番について早急に検討すべきである。 ・その際に、預金口座へのマイナンバー付番は、マネーロンダリング対策や、預金保険などの名寄せ、災害時の迅速な対応といった面でも、その効果が期待できるとともに、将来的に民間利用が可能となった場合には、金融機関の顧客管理等にも利用できることも踏まえた検討が必要である。
●平成26［2014］年5月　政府IT戦略本部・新戦略推進専門調査会・マイナンバー等分科会中間とりまとめ（抜粋）
・利用拡大に向けた当面の方針を確認。その第一歩として、現行の「社会保障」、「税」および「災害対策」に加え、新たに①戸籍事務、②旅券事務、③預貯金付番、④医療・介護・健康情報の管理・連携、⑤自動車登録事務という5つの事務でも共通番号を活用できるようにロードマップを整備すべきであるとの考えを打ち出している。
●平成26［2014］年12月19日　政府IT戦略本部第13回パーソナルデータに関する検討会へ内閣府大臣官房番号制度担当室が提出した資料「次期通常国会で個人情報保護法等と一括改正を予定しているマイナンバー法改正関係について」（案）に盛られた「預貯金付番に向けた当面の方針」（案）

http://www.kantei.go.jp/jp/singi/it2/pd/dai13/siryou3.pdf

「預貯金付番に向けた当面の方針」(案)

・預貯金付番については、社会保障制度の所得・資産要件を適正に執行する観点や、適正・公平な税務執行の観点等から、金融機関の預貯金口座をマイナンバーと紐付け、金融機関に対する社会保障の資力調査や税務調査の際にマイナンバーを利用して照会できるようにすることにより、現行法で認められている資力調査や税務調査の実効性を高めるものである。また、預金保険法又は農水産業協同組合貯金保険法の規定に基づき、預貯金口座の名寄せ事務にも、マイナンバーを利用できるようにするものである。

・預貯金付番に必要な法整備は、次期通常国会に提出予定の**「高度な情報通信技術の活用の進展に伴う個人情報の保護及び有用性の確保に資するための個人情報の保護に関する法律等の一部を改正する法律案(仮称)」**で行う。具体的には、次のとおり法令の手当てを講じる方向で政府内の調整を進める。なお、**当面、預貯金者に直接的な義務は課さない。**

①番号法において、社会保障制度の資力調査でマイナンバーを利用できる旨を明らかにし(※対象となる社会保障給付関連法を番号法政令に規定)、社会保障制度の資力調査の際、法律で銀行等に報告を求めることができる事項を規定しているもの(※精査中)について、マイナンバーを追加する。(※税務調査でマイナンバーを利用できる旨は規定済み)

②国税通則法及び地方税法に金融機関は預貯金口座情報をマイナンバー又は法人番号によって検索できる状態で管理しなければならない旨を規定するとともに、当該規定を番号法第9条第3項に明掲し、金融機関が個人番号関係事務実施者として預貯金者等に対してマイナンバーの告知を求めることができることを明らかにする。

③番号法別表第一に、預金保険法又は農水産業協同組合貯金保険法に基づき、預金保険機構又は農水産業協同組合貯金保険機構が行う預貯金口座の名寄せ等にマイナンバーを利用できるよう規定し、預金保険法及び農水産業協同組合貯金保険法の省令において、預金保険機構又は農水産業貯金保険機構が金融機関の破たん時に資料の提出を求めることができる事項にマイナンバー及び法人番号を追加する。これにより、金融機関が個人番号関係事務実施者として預貯金者等に対してマイナンバーの告知を求めることができるようにする。

- 円滑な預貯金付番の実施にあたっては、官民を挙げて国民向け広報を展開するとともに、行政機関等においては、口座振替申請書に番号記載欄を設ける、公金振込口座にはすべて付番されるよう取得した番号情報を金融機関に提供するなどの預貯金付番促進支援策について検討を行い、実施可能な施策を積極的に講じることとする。
- 金融機関における対応については、新規口座開設者からは口座開設時に顧客の番号を取得できるよう告知の求めを行い、既存口座については、顧客の来店時などに番号告知の求めを行うこととするなどの事務ガイドラインを策定し、進めることとする。
- これらの法令の規定の施行後3年を目途に、金融機関の実務や付番の状況等を踏まえ、既存口座への付番を官民挙げて集中的に進めるための方策につき、法改正も視野に前広な検討を行う。

付番による公権力への介入は、市民団体の結社権(結社の自由)の侵害につながる。

共通番号法では、番号の民間利用拡大は法施行から3年後のはずだが(法附則6条1項)、政府は、2015年1月にはじまった通常国会へ「個人情報の保護に関する法律及び行政手続における個人を識別するための番号利用等に関する法律の一部を改正する法律案」を提出した。これにより、預貯金口座の共通番号管理を実施する構えである。2018年から当面の間は、預貯金口座の共通番号管理は「任意」とし、2021年以降は「義務」とする方向だ。当面の間は任意とするのは、金融口座が人口以上に存在し、付番の完了にかなりの時間を要するからである。いわば、時間稼ぎのためだけでしかない。

＊　＊　＊

政府は、法人番号は、プライバシーとは関係がないので、役所や企業を含め誰でも自由使っても問題はないといった考えである。しかし、「所有と経営の分離」していない法人なりした程度の小企業は、大企業とは違い、経営者のプライバシーにかかわる私的な事項とかが多い。小企業と大企業との間での番号の取扱いをどうするのかも不透明で、実は課題が山積している。

また、市民団体、任意団体にも、預貯金の付番管理などを通じて法人番号の付番の行政指導が無原則に広がれば、憲法21条1項で保障される結社権（結社の自由）が侵害されることが危惧される。

このように、「預貯金の付番管理は、金持ちの懐の公的管理」の話、金融資産のない庶民には関係のない話などと言ってはいられない。

憲法を護る気概のない政権に、共通番号、法人番号の付番で市民団体の結社権が侵害されるという主張に耳を貸す姿勢を期待することは望み薄かも知れない。そうだとすれば、なおさら市民が結集し、なりすまし犯罪のツール（道具）となるおそれが強く、しかも市民団体、任意団体の結社権の侵害にもつながる共通番号の廃止は是非とも実現しなければならない。

（いしむら・こうじ）

《参考文献》　ＣＮＮニューズ79号および80号

第8章

一人でもできる共通番号やカード廃止に向けた運動

番号カードに変えずに、個人番号を頻繁に変えることのすすめ

石村耕治
PIJ代表

生涯変わらない12ケタの共通番号で国民監視

国民一人ひとりに一生涯変わらない12ケタの共通番号／個人番号（通称ではマイナンバー／私の背番号）が、今年（2015年）10月に「番号通知カード」の形で各世帯に送られてくることになっている。しかし、国民のほとんどは、制度実施までのスケジュールどころか、何のためにこんな番号を付けるのかその目的すらよくわかっていないのが実情である。

青年層以上の市民には、実質的には、いわゆる「国民総背番号制度」であるとの認識は強い。

これに対して、大学生など若年層には、そうした共通認識は余りなさそうである。ただ、共通番号制度をよく説明すると、〝この自由な国の政府がそんなことをするはずがない。想定外だ。〟といった反応である。ナイーブなだけかも知れない。しかし、見方を換えると、問題の深刻さを分かっていても正面から反対もしないどこかの専門職業界よりもゆるせるのかも知れない。

共通番号制度は、「背番号（共通番号）」と「ＩＣカード（個人番号カード）」、「情報連携（データ照合）基盤」の3点セットで国民を徹底的に「データ監視する国家」構想である。

「情報連携（データ照合）基盤」は、共通番号法では「情報提供ネットワークシステム」と呼ぶ（法2条14項）「情報連携（データ照合）基盤」とは、各国民が法令に違反する行為などをしていないかどうかを、マスターキーである共通番号を使って、あらゆるデータベースに国家がアクセスできるようにデータ監視するための社会インフラ（データ監視社会構築基盤）である。「中継データベース」とも呼ばれる。「国民は誰しも悪いことをする存在である」という性悪説に基づいた国民監視インフラである。

だが、「情報連携（データ照合）基盤とは何か」と問うても、共通番号法に賛成した議員ですら、ほとんどまともな回答は期待できまい。政治家のみならず市民も企業もよくわからないまま、行政が勝手につくりあげている構想なのである。

共通番号制度の廃止実現を目指している市民団体は一般に、共通番号制度を、特定秘密保護法等々、現在の国家主義的な流れの一環としてとらえている。まさに「戦争のできる国」へ一途の政権、そのもとでの一つの装置が〝共通番号制度〟であるととらえている。なぜならば、共通番号制度では、共通番号／個人番号ないしこの番号から組成された符号（個別番号）が入った個人番号カードで、全国民の医療・健康情報を国家が集約し、実質的に一元管理できることも可能だからである。しかも、国家がこれらの特定個人情報を「公益上の理由」で収集すれば、徴兵、兵役選別に活用できる道が拓かれるからである

このままでは現代版通行手形になる

この意味では、ＩＣ仕様の「個人番号カード」は不気味な存在である。単なる便利な公的身分証明書と考えてはならない。個人番号カードの持つ〝裏の顔〟をしっかりと見抜く眼力が求められる。

国民全員にＩＣ仕様の個人番号カードの携行を義務づけ、つまり常時持ち歩かせ、警察官がＩＣカード読取機を携行して職務質問し、不審者の身元や犯歴などを瞬時に判別できる。個人

番号ＩＣカードを携行していない人は最寄りの交番に連行できる。こんな「データ監視国家」の構図が頭に浮かんでくる。こうした移動の自由をいとも簡単に制限できる監視国家でも、「悪いことをしてなければ怖がることはない」で片づけられるのであろうか。

厚労省に設けられたお雇い専門家で構成される審議機関は、共通番号（個人番号／マイナンバー）とは異なる医療分野のみに使われる番号（医療ＩＤ等番号）のあり方を検討してきている（医療等ＩＤ番号の「等」とは、医療に加え、介護その他各種の社会保険サービス履歴を含むということを指す）。この審議機関は、２０１４年12月に、共通番号から組成される符号を医療等ＩＤ番号にする方向性を打ち出した。つまり、医療分野では、オーストリアなどで採用されているセクトラル方式の個別番号を使うことで、安全性を確保しようという考え方を示したわけである。このことは、見方を換えると、実施を目前としたあらゆる分野に同じ番号を使うフラット方式の共通番号が、いかに危ない番号制度であるかを如実に示しているといえる。

政府は、医療等ＩＤ番号は、ＩＣ仕様の個人番号カードに取り込んで、受診時の個人番号カードを提示すると、提示を受けた医療機関は、その患者の医療等ＩＤ番号を読み取れるようにすることを検討している。これにより、国民全員が顔写真入りのＩＣ仕様の個人番号カードを持ち歩かざるを得ないデータ監視国家の構築を巧妙に目指しているわけである。しかし、三師会（日本医師会・歯科医師会・薬剤師会）は、個人番号カードへの健康保険証（被保険者証）機能を取込みには反対している（「医療ＩＤに係る法制度整備等に関する三師会声明」（平成26〔２０１４年〕11月19日））。

各医療機関にかかるごとに、その人の医療等ＩＤ番号を提示することにより、国家はその番号で串刺ししたかたちで実質的にその人の一生涯の医療情報を各所に分散集約管理できることになる。さらに、国家は、共通番号あるいは医療等ＩＤ番号を使ってデータ照合（情報連携）をすれば、どこの医療機関でどれだけの医療サービスを受けたかなどを知ることができる。国家が、ムダのない診療サービスなどをコントロールできるという意味では合理的な仕組みのようにもみえる。しかし、「国民各人の一生涯の医療情報の国家管理」というこの島国では逃げ場のない方針に対して、国民のコンセンサスは得られているのであろうか。

さらに、この医療番号方式が現実のものになるとすれば、各人の医療ＩＤ番号と共通番号はリンクすることになる。共通番号法では、国家は、「公益上の必要」（共通番号法19条12号、同法施行令26条および別表）があれば、各人の医療等ＩＤ番号で管理されたさまざまな医療機関に蓄積される一生涯の医療情報（受診歴）を含めて手に入れることができる構図になる。医療等ＩＤ番号で安全対策を講じて国民一人ひとりの受診歴などを徹底管理することは、犯罪者から各国民の医療情報を護るには有益な考え方のようにも見える。だが、それは「夢」でしかない。現実には、各医療機関に医療ＩＤ番号付きでストックされた診療歴などのセンシティブ（機微）情報が垂れ流しになる事故が多発する可能性の方が高い。

共通番号導入後、個人番号カードの健康保険証化などにより国民全員へＩＣカードを常時携行させようとする勢力と、ＩＣカードは実質国民の移動の自由を監視する内登証（内国人登録証／国内パスポート）、現代版通行手形であることから常時携行の義務化を止めさせようとする勢力との対立が激化することが予想される。

通知カードをＩＣ仕様の個人番号カードへ切り換えない

政府が構想する個人番号カードは、単なる公的身分証明書ではない。私たち市民の移動の自由に介入する、内国人登録証、現代版通行手形、国内パスポートとしての役割を果たす代物である。また、国民各人の一生涯の医療情報を紐付けし国家管理するツール（道具）にもなり得る。

今年（２０１５年）10月に番号通知カードの送達を受けたら、私たち市民は、危ない個人番号カードに切り換えない運動を展開しなければならない。

表１　通知カードの再発行申請や提示等の取扱のポイント

・通知カードの交付を受けている人が、①カードを紛失し、消失しまたは著しく損傷したとき、②カードの追記欄に余白がなくなったとき、③カードを返納した後通知カードの再交付を受けたいなどの理由がある場合には、住所地市町村長から再交付を受けることができる（カード等に関する省令11条）。 ・通知カードには有効期限の定めがないので、IC仕様の個人番号カードを取得しないで、ずっと自分の通知カードを取引の相手方に提示するのも可能である。 ・ただ、通知カードは、単体では使えない。自分の共通番号（個人番号）かどうか証明する運転免許証、運転経歴証明書のような身分証明書といっしょに提示する必要がある。

個人番号の通知カードや個人番号カードの作成・発送等事務手続の詳細については、「通知カード・個人番号カード等に関する総務省令」（正式名称は、「行政手続における特定の個人を識別するための番号の利用等に関する法律の規定による通知カード及び個人番号カード並びに情報提供ネットワークシステムによる特定個人情報の提供等に関する省令」〔平成26〔2014〕年11月20日総務省令85号〕。以下「カード等に関する省令」という）を見ればわかる。

カード等に関する省令によると、「通知カードの再発行申請や提示等」の取扱のポイントは、表１のとおりである。

このように、通知カードは再交付を受けることもでき、長期にわたり使用することも可能である。「通知カードをＩＣ仕様の個人番号カードに切り換えない」ことで、

図1　通知カード、IC仕様の個人番号カードのイメージ

《通知カード》

- 個人番号[12 ケタ]
- 氏名・住所
- 生年月日・性別
- 発行年月日
- 住所地市町村長名

《個人番号カード[表]》

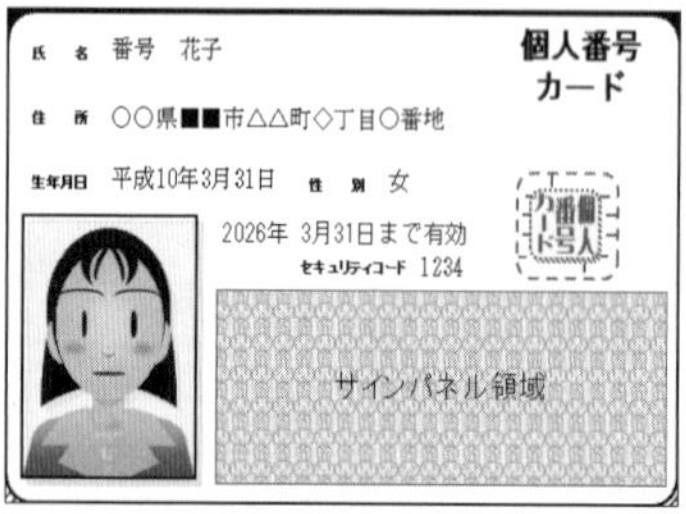

表面記載事項

- 氏名・住所
- 性別・生年月日

写真

- 有効期間
- 住所地市町村長

《個人番号カード[裏]》

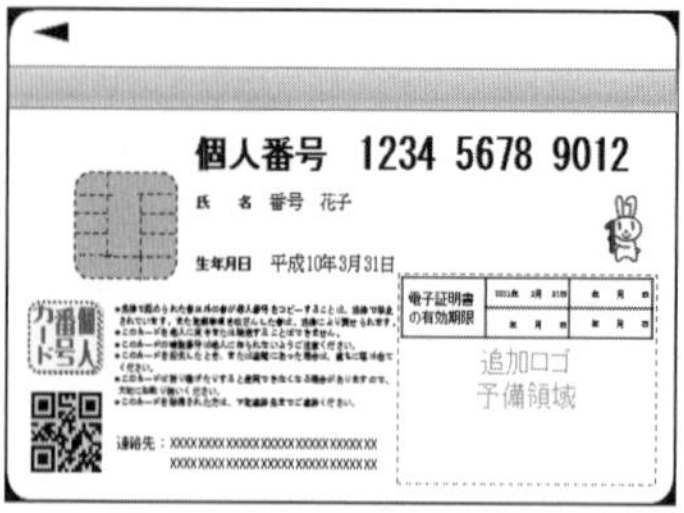

IC

裏面記載事項

- 個人番号[12 ケタ]
- 氏名・生年月日

個人番号カードの持つ〝裏の顔〟を暴き、国民の警鐘を鳴らすことができる。たったひとりの市民であってもできる抵抗運動である。

廃止に向けて番号を頻繁に変える順法運動のすすめ

ＩＣＴ（情報通信技術）全盛の時代である。パスワードをできるだけ頻繁に変えることで、なりすまし、ハッカーなどへの安全（セキュリティ）を確保する時代である。ところが、個人用の共通番号である個人番号（マイナンバー／私の背番号）は、原則生涯不変のパスワードであり、しかも社会保障や税などの分野で同じ番号を官民が幅広く使う仕組みである。常識ある人なら、分野別の複数の別々の番号を使う方が、ものすごく簡単で、しかもなりすまし犯罪には効果バツグンで、安心・安全であると思うはずである。しかし、そうした仕組みにしないで、政府は、マスターキー、原則生涯不変のパスワードのような危ない「なりすまし犯罪の道具（ツール）」にもなるような代物をつくってしまったのである。

このままマスターキー、原則生涯不変のパスワードが氾濫する社会づくりを進めて行くと、わが国はなりすまし犯罪者がカッポする社会になってしまうことが危惧される。

共通番号制度はまったく時代錯誤の危ないフラットモデル（同じ番号を多分野で汎用するモデル）の番号制度なわけである。アメリカなどでは、危ないフラットモデルの番号制度を止め、順次、分野別の個別番号制度へ移行してきている。

危ないとわかっていても、導入を進める政治の責任は重いと思う。しかし、なりすまし犯罪に強い番号制度をつくることで私たち市民のプライバシー権を護ることなど眼中にない政権が続いている。共通番号の方が、国民監視をしやすい、ＩＴ業界が儲かるなど、不純な動機を優先させた結果である。多額の血税を注ぎ込んだあげく大失敗に終わった住基ネットの例をみるまでもなく、負けるとわかっていても太平洋戦争へ突き進んだこの国の体質は相も変わらず、とみることができる。

私たち市民は、こんな危ない番号制度をつくる国、その国のいいなりの自治体から自分を防衛し、自助の対策を講じないといけないと思う。法律の専門家は裁判、裁判というかも知れない。しかし、裁判で争うのは、普通の市民には重荷である。そこで、力のない市民でもできる抵抗、防衛できる対応策を考えてみた。

共通番号法７条２項は、表２のように規定している。

表2　個人番号の指定および通知

市町村長は、当該市町村（特別区を含む。以下同じ。）が備える住民基本台帳に記録されている者の個人番号が漏えいして不正に用いられるおそれがあると認められるときは、政令で定めるところにより、その者の請求又は職権により、その者の従前の個人番号に代えて、次条第二項の規定により機構から通知された個人番号とすべき番号をその者の個人番号として指定し、速やかに、その者に対し、当該個人番号を通知カードにより通知しなければならない。

要するに、この規定の適用・解釈を通じて順法運動を展開してはどうかと思うわけである。

個人番号（マイナンバー／私の背番号）は、漏えいして不正に使われるおそれがあると認められるときには、本人が市町村長に申請し変更を求める、あるいは市町村長が職権で変更しなければならないといっているわけである。さまざまな目的に使われるマスターキー、原則生涯不変のパスワードのような個人番号（マイナンバー／私の背番号）は、そもそも常に「漏えいして不正に用いられるおそれがある」危ない道具（ツール）といえる。政府はもっと民間分野にも広げて使わせる方向のようであることから、ますますその〝おそれ〟は強くなる。

〝おそれ〟があれば、首長はすみやかに新たな番号通知カードを通知しなければならないのである。市民を護りたいというしっかりした意志がある首長であれば、変更に応じるのではないかと思う。

私たち市民は、この危ない凶器を実質的に使えなくし、マイナンする運動を展開する必要がある。
名古屋市の河村たかし市長は、共通番号法、危ないマイナンバー（私の背番号）に反対している。彼の本気度を試すこともかねて、名古屋市からこうした順法運動をはじめてはどうかと思う。共通番号廃止で市民運動を展開する団体は、この危ない凶器を実質的に使えなくし、共通番号制度を廃絶に持ち込むために、全国各地で、良識ある市民にこうした順法運動参加を呼びかけ、各市民が頻繁に番号の変更申請する活動を展開してはどうか。

（いしむら・こうじ）

《参考文献》　ＣＮＮニューズ79号および80号

●共通番号・カードの廃止をめざす市民連絡会（略称、「共通番号いらないネット」）

http://www.bango-iranai.net/

共通番号制度に反対する市民・議員・研究者・弁護士など（本書の編著者も世話人になっています）が中心となって、共通番号制度の危険性を明らかにし、最終的に同制度を廃止に追い込んでいくことを目指して、全国的に運動を幅広く呼びかけていくことを目的として市民ネットワークが発足しました。

世話人：白石孝（反住基ネット連絡会）・石村耕治（PIJ代表）・田島泰彦（上智大学教授）・水永誠二（弁護士）ほか。

連絡先：〒160-0008　東京都新宿区三栄町16-4　芝本マンション403号　白石孝（プライバシー・アクション）
電話090-2302-4908　kyotu@bango-iranai.net

賛同カンパ：

個人賛同1,000円、団体賛同3,000円を一口として次の郵便振替口座にお振り込みください。

口座記号番号：00100-2-729745

口座名称：共通番号いらないネット

＊ゆうちょ銀行以外の金融機関から振り込む場合は、次の内容を指定してください。

金融機関名：ゆうちょ銀行（金融機関コード：９９００）

店名・店番：〇一九（ゼロイチキュウ）店・０１９

預金種目：当座

口座番号：０７２９７４５

口座名称：共通番号いらないネット

共通番号《きょうつうばんごう》の危険《きけん》な使《つか》われ方
マイナンバー制度《せいど》の隠《かく》された本質《ほんしつ》を暴《あば》く

2015年３月20日　第１版第１刷発行
2015年10月15日　第１版第４刷発行

編著者　白石孝・石村耕治・水永誠二
発行人　成澤壽信
発行所　株式会社 現代人文社
〒160-0004 東京都新宿区四谷2-10八ッ橋ビル７階
振　替 00130-3-52366
電　話 03-5379-0307（代表）
F A X 03-5379-5388
E-Mail henshu@genjin.jp（代表）/ hanbai@genjin.jp（販売）
W e b http://www.genjin.jp
発売所　株式会社 大学図書
印刷所　株式会社 ミツワ
ブックデザイン　加藤英一郎

検印省略　PRINTED IN JAPAN　ISBN978-4-87798-607-0 C0036